寺下陽一 監修

松尾正信 著

Python
プログラミング
ABC

正確に・美しく・簡潔に！

近代科学社

監修者まえがき

　FORTRAN 言語は，1954 年に IBM 社のジョン・バッカスにより考案されました．私も科学技術プログラミングの主流言語として使い続けてきました．その間，さまざまなプログラミング言語が提案され，あるものは有用性が認められて広く利用され，またあるものはそれほど広く用いられるに至らず，歴史の一コマとして記録されるのみとなっています．

　Python の出現により，プログラミング言語の世界は新しい局面を迎えています．構造化プログラミング手法，オブジェクト指向プログラミング手法など，重要なソフトウェア概念がコンピュータの技術・科学の分野において展開されてきていますが，今この Python 言語が，AI 等のソフトウェア開発などの分野において大いに期待されています．

　本書は，新時代のプログラミング言語 Python の入門書として，現役のプログラマーにより書き下ろされました．日本では，プログラマーというと，IT 企業のシステムエンジニアに対して下積みのコーディング担当者というイメージが強いようでありますが，米国の IT 業界ではそうではありません．有能なプログラマー，特にスーパープログラマーはきわめて高く評価され，給料なども一桁高くなるようです．プログラミング技術のみではもちろん IT 開発は成り立たないものでありますが，高品質プログラミング技術なくして IT 開発は成り立ちません．

　著者の松尾正信氏は，京都大学工学部を卒業後，日本企業で技術者として数年働いたのち，フルブライト奨学金を受けて，米国カリフォルニア大学サンタバーバラ校の大学院に留学，コンピュータサイエンス分野の博士号を取得しました．厳しい大学院教育を乗り切って卒業後，同地で IT 企業を立ち上げました．大学院生時代に培われたスーパープログラマーとしての資質を生かして，いくつかの起業を成功させたのち，最近，京都で AI 技術の会社を立ち上げています．

　本書は，文法中心の味気ない教科書とはかなり異なっていることに気づかれるでしょう．最新のプログラム開発手法，ソフトウェア工学の考え方を基礎に置き，Python によりいかに高品質のプログラムを実現できるのかという点に重点を置いています．細かい文法規則にはあまり立ち入らずに，プログラミングのエッセンスを学習者に会得してもらおうという意欲

に満ちています．そのために，例題による親切な解説，豊富な演習問題による実習を中心にした実学志向であり，知識習得のみではなく，じっくりと考えながら，納得して先に進むという学習方針であります．本格的なプログラミング技術を目指す読者にとって最適の学習書であります．

　2022 年 8 月

寺下 陽一

はじめに

以下は，ほとんどのプログラミング本の最初に出てくる例題です．

> **例題**
>
> 画面に，「ハローワールド！」と出力させましょう．

これに対する答えは，「print がまずありき」．

```
>>> print ('ハローワールド！') Enter
'ハローワールド！'
```

print とは，画面に出力せよ，という命令（ステートメント）です．この命令を使って以下のような Happy な絵柄を作って出力してみます．

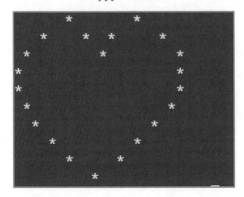

この図を出す一つの方法は，以下のように記号が適当な位置に表示されるようprint() の括弧の中に空白を入れることです．

ソースコード **1**　happy.py

```
1  print ('      *       *        ')
2  print ('   *     *   *     *     ')
3  print ('*           *           *')
4  print ('*                       *')
5  print ('*                       *')
6  print ('*                   *    ')
7  print ('   *              *      ')
8  print ('     *          *        ')
9  print ('        *     *          ')
10 print ('           *             ')
```

本書の第2章の冒頭で，この Happy な絵柄を別の方法で実現するプログラムを紹介します．また，第7章では，この絵柄を反転したり，記号を入れ替えたりしてみます．第6章では，pygame というプログラム部品を使って，この絵柄を音楽とともに画面上で動き回るようにしてみます．

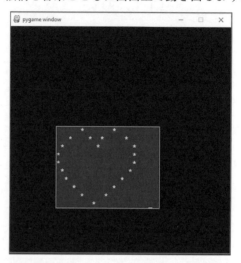

次に，禅寺で和尚さんが教えてくれる呼吸の方法をイメージで表現する簡単な「プログラ無」（誤植ではありません！）を作ってみましょう．次のような構造で動くようにしてみます．

1. 息をすう：Suuuuu（5秒）
2. 息をはく：Haaaaaaaa（8秒）
3. これを終わりなくくり返す．

これを実現する「プログラ無」は以下のように書けます（もちろん，今は内容が分からなくて当然です）．

ソースコード **2** inhaleexhale.py

```
 1  import time           #  モジュールを読み込む
 2  while (1):            #  全体をくり返す
 3    su = 'S'            #  S から始める
 4    for i in range(5):  #  5回くり返す
 5      su = su + 'u'     #  文字u を追加
 6      print(su)         #  表示
 7      time.sleep(1)     #  1秒休む
 8    ha = 'H'            #  H から始める
 9    for i in range(8):  #  8回くり返す
10      ha = ha + 'a'     #  文字a を追加
11      print(ha)         #  表示
12      time.sleep(1)     #  1秒休む
```

ただし，この「プログラ無」はずっと動き続けますので，「Ctrl キー +C」を押して止めてください．この「プログラ無」を実行すると，以下のように Su と Ha が延々と続きます．

```
Su
Suu
Suuu
Suuuu
Suuuuu
Ha
Haa
Haaa
Haaaa
Haaaaa
Haaaaaa
Haaaaaaa
Haaaaaaaa
Su
Suu
Suuu
Suuuu
Suuuuu
Ha
Haa
Haaa
Haaaa
Haaaaa
Haaaaaa
Haaaaaaa
Haaaaaaaa
```

このように端末画面に出てくる文字だけでも，いろいろな遊びができます．

　本書では，端末画面を見ながらプログラミングを学んでいきます．ファイルにデータを保存することができるだけの初心者でも，この本を読みながら問題を考え，解答を作ることで一歩ずつ山を登ることができます．

　本書を読み終える頃には，実用的なプログラムを Python で自作したいと考えることでしょう．例えば，私がよく使っている自作のプログラムは，携帯電話を使って会議内容を録音しておき，その議事録を自動作成し，クラウドの自分のサーバに保存・管理しておく，というものです．これは上級者向きですが，本書の内容を押さえることができれば，「こうすると実現できるかも」というひらめきや，「Python を使ってあれがしたい，これもしたい」という想像力を持つことができるはずです．

　プログラミングは想像することから始まります．逆に，想像ができなければプログラムは作れません．情報を整理したい，何かを作りたい，人とのコミュニケーションを楽しみたい，仕事をより楽しくしたい，など，いろいろな希望を誰もが持っているはずです．それを少しでもかなえてくれるのがプログラミングです．小さな一歩を続けるうちに，高い山でもいつの間にか 8 合目ぐらいまではたどりついているものです．あきらめず，頑張りすぎず，一歩ずつ進みましょう．

プログラミングの三大要素

　プログラミングは 3 つの基本要素から成り立っています．順序（順次），くり返し（反復），選択（条件分岐）です．これを，プログラミングの三

大要素と言ったりします．探査機を火星に到達させたり，人工知能で自動運転をさせたり，MRI画像から病巣を見つけたり，人工衛星の画像から天気予報を出したり，金融取引を自動で行わせたりするプログラムは，どれもこの三大要素をうまく組み合わせるというコンセプトで作られています．もちろん，使われているプログラミング言語はそれぞれ異なるかもしれませんが，プログラムを動かすコンセプトは同じなのです．

　現代人は，そのコンセプトを知ることによって，世の中で何が行われているのかをモニタリングする必要があるでしょう．この本によって，読者の皆さんがプログラミングの基本コンセプトを知り，会得されることを望んでいます．

　以下，この三大要素について簡単に紹介しましょう．

順序（順次）

　物事には順序が大切なものとそうでないものとがあります．旅行計画などは順序が大切で，入れ替えると電車や飛行機に乗れなくなったりします．数学の問題を解く場合にも，計算や定理の証明などは順序が大切です．

　プログラムは記述の順序どおりに実行するというのがルールになっています．つまり，記述する順序に意味があることになります．

　プログラムにエラー（誤り）が含まれることはしばしばあり，大きなプログラムではエラーが皆無というケースはありません．エラーのないことを証明するすべがないからです．プログラムが数学的に正しい（エラーがない）ことを証明するための研究も行われてきましたが，実用には至っていません．

　プログラムの中の小さなエラーが原因でロケットや飛行機が故障したり，事故を起こしたりすることは，これまでも数多く報告されています．記述の順序を間違うエラーは，単純そうですがさまざまなケースでよく起きています．数万行からなるプログラムの順序の正しさを検証することの難しさは，この本を読み進めれば分かることでしょう．

くり返し（反復）

　時計に追われる生活は，大きなことも小さなことも，くり返しそのものです．時計を内蔵したコンピュータ（すべての電子機器）は，あらゆるところにくり返しの構造を組み込んでいます．プログラムはくり返しの中で動いている，といっても過言ではありません．ユーザーからの入力を待つ，センサーからのデータを待つ，といったこともくり返しのプログラムの中で決められています．ユーザーはコンピュータの電源をONにした瞬間から，くり返しの中に入るともいえます．

　ATM の中のプログラムもくり返しです．ユーザーが挿入するカードの中身を読み取り，ユーザーの操作・入力を受けて，それに対応する処理を実行します．ユーザーが操作を終了するとそこでくり返しが終わり，次のユーザーが操作するまで待つ，という行為をくり返します．

　プログラムには，くり返しと人間の行為を共に記録するタイムスタンプという概念が持ち込まれています．これにより，くり返しを伴うプログラムの実行内容と，一方通行の時間の流れの中で行う人間の操作内容がタイムスタンプと一緒にログという形式で残されるようになっています．毎日数十，数百という単位で電子メールが増えても過去のメールをすぐに探し出せるのは，プログラムが過去のメールをタイムスタンプと一緒に保存しているからです．電子メールを開き，読み，書き込むという行為は，プログラムから見ても人間から見てもくり返しの中の行為といえます．

　このように，コンピュータも人間の日々の暮らしも，くり返しの連続といえるでしょう．

選択（条件分岐）

　人生は選択の連続です．プログラムも，その基本は選択にあるといえます．プログラミング言語では一般に，「IF-THEN-ELSE」として表現されますが，実際のシンタックス（記述方法）は言語によって異なります．「明日，天気が晴れれば遠足に行きましょう．雨ならお絵描きをしましょう．曇りなら庭でお花を植えましょう」．これをプログラムで書いてみます．

```
IF   天気 = 晴れ   THEN   行動（遠足）
IF   天気 = 雨     THEN   行動（お絵描き）
IF   天気 = 曇り   THEN   行動（庭でお花を植える）
```

　記述のとおりにプログラムを書きましたが，ここでプログラマーならもう少し深く考えます．「天気が雪ならどうしますか？　天気が晴れのち雨ならどうしますか？」と考えを進めます．

```
IF   天気 = 雪 THEN   行動（スキー）
IF   天気 = 晴れのち雨   THEN   行動（未定）
```

記述にないことを書くのは良くないと思えば，

```
IF   天気 = 晴れ   THEN   行動（遠足）
ELSE IF   天気 = 雨     THEN   行動（お絵描き）
ELSE IF   天気 = 曇り   THEN   行動（庭でお花を植える）
ELSE   行動（未定）
```

ここまで書いておかないと，天気が晴れでもなく雨でもなく曇りでもなければ，プログラムはどうしていいか分からない状態で中止します．

　このように，プログラムを作るには「記述されていないこと」まで含めてどう表現するかを考える作業が不可欠となります．

「想像」がプログラミングを可能にする

　作成するプログラムの内容を正確に表現することを「仕様を書く」と言います．仕様があいまいだと，"完成されたプログラム"を作ることはできません．プログラムは予測しない状態で中断するかもしれません．

　仕様を書く人とプログラムを作る人が同一ではないこともあります．その場合，「仕様」と「プログラム」がかけ離れた内容になるおそれが常につきまといます．これはプログラムの宿命ともいえる問題です．

　プロのプログラマーは，仕様を書く人，あるいは作ってほしい人（ユーザーの場合もあります）とのコミュニケーションを，正確に・詳細に・気持ちよく取れることも重要です．ユーザーはすべての状況に考えが及ばないかもしれませんし，それをプログラマーに伝えられないこともしばしばあります．そうしたコミュニケーションを経ることで，ユーザーの求めること，ひいてはこのプログラムで実現したいことが想像できるようになります．プログラミングは，実現したいことを想像するところから始まるのです．

　では，Python を始めましょう！

2022 年 8 月

松尾 正信

本書をお使いいただくにあたって

ソースコードについて

　本書に掲載したソースコードは以下の URL からダウンロードすること
ができます.

ダウンロードページ
https://github.com/higenobu/pybook2

該当する章のフォルダ（はじめには「00」，第1章は「01」のように区分
け）をクリックし，開きたいソースコード名のファイルを選択すると内容
が表示されます.

演習問題の解答について

　各章の演習問題の解答は，上記ダウンロードページの「answer」フォル
ダにて公開します.　まずはフォルダ内の main.pdf をご覧ください.

動作環境について

　本書の内容は，Python のバージョン 3.10.4 環境で問題なく動作するこ
とを確認しています.　異なるバージョンで動かした場合，動作や処理結果
が掲載内容と異なる可能性があります.

データのダウンロードまたはインストールについて

　本書に関係する各種データのダウンロードまたはインストールによって
生じるいかなるトラブルに対しても，監修者，著者，近代科学社は一切の
責任を負いかねます.　あらかじめご承知おきください.

本書のサポートページ

　本書の正誤表などの情報は，近代科学社内のサポートページ（以下
URL），または本書の専用ページにて公開します.

サポート
https://www.kindaikagaku.co.jp/support/

目　次

監修者まえがき …………………………………………………………………………………… iii

はじめに …………………………………………………………………………………………… v

本書をお使いいただくにあたって ……………………………………………………………… xi

第1章　プログラミングの原則 ………………………………………………………………… 1

　1.1　プログラムは人類の資産 …………………………………………………………… 2

　1.2　プログラミングの原則 ……………………………………………………………… 2

　1.3　プログラマーに必要な能力 ………………………………………………………… 7

第2章　Python の基本 ………………………………………………………………………… 11

　2.1　なぜ Python か？ …………………………………………………………………… 12

　2.2　Python の導入 ……………………………………………………………………… 13

　2.3　Python 用エディタ IDLE の導入 ………………………………………………… 14

　2.4　スクリプトファイルによるプログラミング ……………………………………… 17

第3章　簡単な命令とデータ型 ……………………………………………………………… 27

　3.1　数字とその計算式 …………………………………………………………………… 28

　3.2　値とデータ型 ………………………………………………………………………… 29

　3.3　変数と代入 …………………………………………………………………………… 33

　3.4　関数の名前と扱い方 ………………………………………………………………… 36

　3.5　プログラムにおける日本語と英語 ………………………………………………… 37

第4章　最初のプログラム作成 ……………………………………………………………… 39

　4.1　if 文 …………………………………………………………………………………… 40

　4.2　データの入力と出力 ………………………………………………………………… 43

　4.3　浮動小数点数 ………………………………………………………………………… 45

　4.4　意図しない結果を出すプログラム──乱数を使う ……………………………… 47

　4.5　整数と文字列の関係 ………………………………………………………………… 48

第 5 章　くり返しの基本 ……………………………………………………………… **53**

　　5.1　while 文 ……………………………………………………………………… 54

　　5.2　for 文 …………………………………………………………………………… 56

　　5.3　関数を定義する——def 文 …………………………………………………… 58

　　5.4　ファイルを使ったデータ処理 ……………………………………………… 59

第 6 章　最初の小さなプロジェクト ………………………………………………… **65**

　　6.1　図形を描くプロジェクト …………………………………………………… 66

　　6.2　図形と音楽を連動させるプロジェクト …………………………………… 68

　　6.3　数学の簡単なプロジェクト ………………………………………………… 70

　　6.4　言葉・文章にまつわるプロジェクト ……………………………………… 70

　　6.5　グループプロジェクトのルール …………………………………………… 73

第 7 章　while 文の再考 ……………………………………………………………… **75**

　　7.1　変数は変化する——変数の復習 …………………………………………… 76

　　7.2　while 文を使ったくり返し ………………………………………………… 76

　　7.3　停止しないプログラムを作らない ………………………………………… 77

第 8 章　for 文の再考と while 文との比較 ……………………………………… **83**

　　8.1　for 文の形式 …………………………………………………………………… 84

　　8.2　while 文と for 文とはどこが違う？ ……………………………………… 85

　　8.3　Python 特有の文字列と論理式の考え方 ………………………………… 87

　　8.4　for 文を使った検索 ………………………………………………………… 89

第 9 章　数字や文字の演算 …………………………………………………………… **93**

　　9.1　数字に関わる演算 …………………………………………………………… 94

　　9.2　オブジェクト ………………………………………………………………… 96

　　9.3　文字列に関わる演算 ………………………………………………………… 97

　　9.4　文字列に対する操作 ………………………………………………………… 99

第 10 章　リストのデータ型 ………………………………………………………… **105**

　　10.1　リストの作り方 …………………………………………………………… 106

　　10.2　リストに関する演算子と操作 …………………………………………… 108

　　10.3　文字列とリストの違い …………………………………………………… 109

　　10.4　オブジェクトの identity ………………………………………………… 111

　　10.5　リストで使うメソッド …………………………………………………… 111

第 **11** 章　辞書のデータ型 ·· **117**

11.1　辞書の作り方 ··· 118

11.2　辞書の操作 ·· 120

11.3　辞書で使うメソッド ··· 123

11.4　辞書とリスト ··· 124

第 **12** 章　タプルのデータ型 ·· **127**

12.1　タプルの性質 ··· 128

12.2　タプルで使うメソッド ·· 132

12.3　辞書とタプル ··· 134

12.4　リストとタプル ·· 135

12.5　順序のあるオブジェクトをどう作るか ·· 136

第 **13** 章　データの読み書き ·· **139**

13.1　データの書き込み——write ·· 140

13.2　ファイルの読み込み——read ·· 142

13.3　フォーマットを指定する方法 ·· 143

13.4　例外処理の方法 ·· 144

13.5　モジュール pickle ··· 145

第 **14** 章　モジュールとクラス ·· **149**

14.1　なぜモジュールは必要なのか？ ··· 150

14.2　モジュールの基本 ··· 150

14.3　名前空間とオブジェクト ··· 153

14.4　クラス——オブジェクトを作る仕組み ·· 156

14.5　クラスと特殊メソッド ·· 161

索引 ··· **167**

第1章

プログラミングの原則

何を学ぶか

　プログラミングには「原則」と呼べるものがあります．それは厳格な規則ではないため，一見すると守らなくてもよさそうに思えますが，世界で通用するプログラムはその原則を守っているといえます．良いプログラムを作るためにプログラマーが備えておくべき能力もあります．プログラミング学習を始める前に，頭に入れておきましょう．

この章の項目

1.1　プログラムは人類の資産
1.2　プログラミングの原則
1.3　プログラマーに必要な能力

1.1　プログラムは人類の資産

あなたは日本語という言語を話し，聞き，読み，そして書いています．言語は人類の資産であり，誰もが自由に無料で使うことができます．では，プログラミング言語はどうでしょうか？ Python はどうでしょうか？

もちろん，誰もが自由に無料で使うことができます．そして，ほとんどすべての PC 上で動作させることができます．

「プログラムは人類の資産」と提唱し，誰でも自由に利用できるソースコード公開型の運動を始めたのは，MIT（マサチューセッツ工科大学）の教授をしていたリチャード・ストールマンでした．

それまで，プログラムは高価であり個人が利用するためには高い壁がありました．今ではだれもが使っている表計算ソフトウェア（スプレッドシート）も高いお金を出して購入しなければなりませんでした．

Google, Yahoo!, Facebook といったインターネット上のサービスを事業にしている会社は，プログラミングの長い歴史の中で公開されてきたソフトウェアを発展させながら成長を続けています．この 3 社を合わせた株価による資産額は，Microsoft を超えています．その点では，「プログラムは人類の資産」という考えが常識になっているといえるでしょう．そして，あなたにもその資産を使う機会が与えられているのです．

教育現場で，こうした公開型の優れたソースコードを自由に見ながら学べることが，今の IT 発展の原動力になっています．小学生や中学生のときから，世界中のプログラムが学べる環境は素晴らしいことといえます．

1970 年代に Bell 研究所が公開した Unix（ユニックス）と呼ばれる OS は，当時の大学や研究機関にあっという間に広がり，多くの優秀なプログラマーが生まれました．その延長線にある Linux（リナックス）という OS は，リーナス・トーバルズという若者が 1990 年頃に開発して公開したものですが，今やほとんどすべてのコンピュータ上で使われています．もちろん，Google, Amazon, IBM などの Cloud サービスを提供している会社には欠かせない OS です．この OS のプログラムは無料で使えるだけでなく，誰でもソースコードを見ることができます．そして，世界中のプログラマーが日々，改良・拡張を行っています．

1.2　プログラミングの原則

1970 年代に，著者が米国カリフォルニア大学に留学したときの計算機学科の授業では，Unix のソースコードを読んで頭に入れることが単位を取るための必要条件でした．そのときに学んだプログラミングの原則が，ABC（Accuracy, Beauty, Compactness）です．

▶ソースコード
プログラムの中身のこと．これから皆さんは，Python という言語でソースコードを書いていくことになります．

▶ソースコード公開型の運動
ロサンゼルスで起業した著者たちは，ストールマンの考えに賛同し，その運動をサポートしてきました．例えば，ソースコード管理ができるソフト「Git」の開発に私たちの会社の仲間がボランティアとして重要な役割を担ってきました．GNU プロジェクトから生まれた EMACS（こうした名称は，今は知らなくても結構です）といった，世界中のプログラマーが使っているソフトウェアの開発にも関与してきました．

▶Bell 研究所
米国のベル・システム社が 1920 年代に設立した研究所．世界のコンピュータサイエンスの"頭脳"を独占してきました．

▶OS
オペレーティングシステム（Operating System）の略．コンピュータの心臓部で，基本的な機能を実装したソフトウェアの集まりです．Unix や Linux のほか，Windows などの種類があります．調べてみましょう．

> 〈プログラミングの原則〉
> - Accuracy（正確さ）
> - Beauty（美しさ）
> - Compactness（簡潔さ）

プログラミングの原則——Accuracy（正確さ）

プログラムの第1の原則は正確さ（Accuracy）です．以下のコード例は，ファイルからデータを一つずつ読み込み，合計と平均値を出すプログラムです．これは，実は"架空の言語"であり，ロジック（論理，つまり命令の順序）を表現したものにすぎません．まだ意味は分からなくてよいので，この2つのどこに違いがあるか見つけてください．

ソースコード **1.1** a_prog1.py

```
1  file = open('data.txt')
2  while (data):
3    data = file.readline()
4    print(data)
5    num = num + 1
6    total = total + data
7  heikin = total / num
8  file.close()
```

ソースコード **1.2** a_prog2.py

```
1   file = open('data.txt')
2   num = 0
3   total = 0
4   data = file.readline()
5   while (data):
6     print (data)
7     num = num + 1
8     total = total + data
9     data = file.readline()
10  heikin = total / num
11  file.close()
```

分かりましたか？ ソースコード1.1のほうには，num = 0とtotal = 0がありません．また，data = file.readline() の挿入位置も違います．これらが原因でソースコード1.1は正しく動きません．他にも，いくつかのエラーが隠れていますが，今は分からなくて結構です．

これらは，プログラミング言語に依存しない論理の誤り（考え方の道筋の間違い，ロジックエラー）です．つまり，実際に動作させなくても，考え方の道筋がきちんと理解できていれば防げるエラー（バグ）です．バグはプログラム中の間違いや欠陥を指す言葉で，英語の虫（bug）に由来し

▶コード
ソースコードを略してコードということもあります．ソースコードはプログラムの中身そのものであり，人が読んで理解できるものですが，機械（コンピュータ）は理解することができません．そのため機械が理解できるよう人の手で変換（コンパイル）する必要があります．Python では，そうした変換操作を人手で行わずに，ソースコードのまま実行することもできます．そのようなソースコードを特に「スクリプト」といいますが，本書ではスクリプトという意味でも，ソースコードあるいはコードという言葉を使っています．

▶架空の言語
架空とはいえ，これらのソースコードは Python に近い表現にしているため拡張子を py としています．学習が進んだあとに読み返し，Python プログラムに変えてみましょう．なお，Python で動かそうとする場合，他にもしなければならないことがあります．

▶論理の誤り
プログラムが論理的に正しいかどうかは，コードを上から順番に読みながら調べるのが基本です．これは，プログラミングの三大要素の一つ順次に則ってプログラムが作られることが前提だからです．

ます．バグがあるプログラムはエラーを起こす危険があります．

　もちろん，実際に動作させてみないとなかなか見つからないエラーもあります．これらは一つひとつつぶしていくしかありません．プログラムが大きくなればなるほど，この作業は大変になります．そのため，少なくともロジックエラーを生まないようにすることが肝要になります．実は，実際に動かしてもエラーが発見されないことがあります．エラーはありませんとコンピュータに言われても，現実にエラーがないことを証明することはできません．思わぬときにエラーが発生する場合があるからです．

　大切なのは，ソースコードを見てできる限り「頭」でチェックすることです．また，修正によって新たなエラーも生まれやすくなるので，エラー発見のためのテストプログラムを常に付属させる方法も実際にはとられています．エラーが多いプログラムは使い物になりません．多くのプログラムは，自分以外のたくさんの人が利用しますので，バグがあるとその人たちにも悪い影響が及びます．例えば，Linux のように世界中のサーバで使われている OS にエラーがあると，何百万，何千万の人たちが困ってしまいます．

　サーバが故障して列車の運行システムや予約システムが止まると大混乱になるでしょう．この「故障」という言葉にはソフトウェア，ひいてはプログラムのエラーも含まれます．エラーのないソフトウェアは存在しないといっても過言ではありませんが，どうすればエラーをなくせるのでしょう？　エラーを小さな範囲に閉じ込める，という方法もあるでしょう．そのためには，プログラム全体に影響を与えないように，独立した小さなプログラムをたくさん作って組み合わせる，という方法をとるのもいいでしょう．

　ともかく，プログラムの正確さは精神論ではありません．現実的な対策・手法をとることによって実現されるものなのです．

▶テストプログラム
プログラムが仕様どおりに動作するかどうかテストするためのプログラム.

プログラミングの原則——Beauty（美しさ）

　第2の原則は美しさ（Beauty）です．プログラムは一見すると記号の羅列ですが，その記号パターンの見た目が美しいという意味ではありません．もちろん，整然としていて見やすい（美しい）という見方もあります．

　ソフトウェアは論理的な思考を表現したものといえます．そのため，美しいというのは論理とその表現が美しいという意味です．読者の皆さんは，まだ Python プログラミングを学習していませんが，以下の2つのプログラムはどちらが美しいと感じますか？

　ちなみに，これらのプログラムはいずれも，メールの中からある「文字列」を抽出するプログラムです．具体的には，「@」という文字から始まり「$」という文字が出てくるまでの文字の列を抽出しようとしています（もちろん，今は分からなくて結構です）．

ソースコード **1.3** a_prog3.py

```
1  def find(data,d):
2    i = 0
3    while i < len(data):
4      if data[i] == d:
5        return i
6      i = i + 1
7    return -1
8  file = open('data.txt')
9  result = ''
10 data = file.readline()
11 while (data):
12   s = find(data,'@')
13   if s > 0:
14     e = find(data,'$')
15     if e > 0:
16       result = result + data[s + 1:e]
17       break
18     else:
19       result = result + data[s + 1:]
20
21       data = file.readline()
22       continue
23   else:
24     e = find(data,'$')
25     if e > 0:
26       result = result + data[:e]
27       break
28     else:
29       #error found
30       result = result+data[0:]
31       data = file.readline()
32 print(result)
```

ソースコード **1.4** a_prog4.py

```
1  def find(data,d):
2    i = 0
3    while(i < len(data)):
4      if data[i] == d:
5        return i
6      i = i + 1
7    return -1
8  file = open('data.txt')
9  cont = ''
10 data = file.readline()
11 while (data):
12   cont = cont+data
13   data = file.readline()
14   s = find(cont,'@')
15   e = find(cont,'$')
16   print(cont[s+1:e])
```

▶変数と関数
プログラムを使ってコンピュータに多種多様な動作をさせられるのは，極論をいえば変数と関数があるからです．実際の値が入る前の抽象的な表現ともいえます．変数については第 3 章，関数については第 5 章で説明します．

▶インデント
字下げ（あるいは“段下げ”）のフォーマットのこと．Python では，同じインデントを持つ領域はブロックと呼ばれます．詳しくは第 2 章で説明します．

▶コメント
本書では，紙幅の関係でプログラムへのコメントをほとんど入れていませんが，自分で動かす場合は，適宜コメントを入れると理解が進みます．コメントの入れ方は第 2 章で紹介します．

▶モジュール
まとまりのある“プログラム部品”のことで，ある独立した機能を備えたもの．詳しくは第 2 章あるいは第 14 章で説明します．

▶パラメータ
数学で使われる変数のように，実際の値を入れてはじめて意味をなすもの．引数とも呼ばれます．第 5 章も参照のこと．

このような“簡単な”プログラムでも，この 2 つを比べるとどちらのほうがバグが生まれやすいかが分かりますね（当然，複雑なほどバグは生まれやすくなります）．また，プログラムの美しさは論理だけに限った話ではありません．「変数名」や自作の「関数」などの名前の使い方にも，美しさにつなげるためのルールが必要です．

Python 言語はインデント形式に意味がありますので，インデントの使い方にも気をつける必要があります．プログラムは，コンピュータに指示を与えるという役割よりも人間，例えば，共同で開発している仲間に対して読みやすく，理解しやすく作るべきです．

ひとりよがりのプログラムは他の人の迷惑になります．何を作っているのかを知ってもらうためにも，コメントを的確に入れなければなりません．これらは，すべて美しさの中に含まれるものです．

プログラミングの原則——Compactness（簡潔さ）

第 3 の原則は，簡潔さ（Compactness）です．上記のプログラムの例では，どちらが簡潔かは明らかですね．プログラミングのライン数（行数）が少ないほうがいいのです．行数が少ないほうがバグのチェックが少なくて済みますし，読むのも楽です．

しかし，全体のライン数が少なければそれでよし，ということではありません．全体を分けてとらえたときに，それぞれが分かりやすく，まとまりとして独立できているか，という点も考えなければなりません．

ソフトウェア全体を想像してみて，よく使いそうなモジュール（いわばプログラムの部品）を先に作っておくと，何度も同じコードを作る必要がなく，その部品の使い回しがききます．

例えば，ライン数 100 のモジュールが 10 か所で使われていれば，1000 ライン程度の節約になるとともに，そのモジュールにバグが見つかったときは，そのモジュールの中身を修正するだけで全体を修正したことになります．モジュールは，しばしばパラメータという概念を使うことによって，パラメータの値を変えることで異なる機能を持たすことができます．

例えば，上記の例のように，メールの中身を読むモジュールを一般化させて，いかなるファイルであっても中身を読めるようなものにできると，メール以外のファイルを読むためのものとしても使うことが可能になります．

もっと複雑なモジュールを想像してみましょう．もしも，音声を認識できるモジュールがあったとしたら，AI（人工知能）を使った音声認識アプリケーションを作ることも可能になります．実際のところ，Google や IBM などはこのようなモジュールを標準で使えるプログラミング環境を提供しています．

1.3　プログラマーに必要な能力

　大きなプログラムになると，数万ラインという量になることもよくあります．プロのプログラマーの中には，この程度の量のプログラムを日々，グループで作ったり，解析・改良・テストしたり，バグを見つけて取り除いたりしている人たちがいます．公開型のソフトウェアを実際に見てみると，そのことがよく分かるでしょう．ここではそのような，プログラマーにとって欠かせない能力について紹介します．

〈プログラマーに必要な能力〉
- 記憶力
- 論理的思考力（ロジカルシンキング）
- 集中力

プログラマーに必要な能力──記憶力

　プログラマーに必要な第 1 の能力は記憶力です．特に，自分が作ったプログラムをできるだけ詳細なところまで記憶できるとプログラミングのスピードがつきます．

　プログラミングのスピードには，多い場合には 100 倍ぐらいの個人差があると言われていますし，実際に私も経験しています．普通のプログラマーなら 1 か月ぐらいかかりそうなプログラムを 1 日で仕上げるスーパープログラマーは実際に存在しています．逆に，1 日でできそうなプログラムを，ジュニアのプログラマーが 1 か月かけてしまうこともあります．そこには記憶力という要素が大きく関わっています．例えば，大型プロジェクトで使えそうな数百程度のモジュールの詳細を記憶しているプログラマーと，数十程度しか記憶していないプログラマーでは大きな差が出てくるのは想像がつきますね．

プログラマーに必要な能力──論理的思考力（ロジカルシンキング）

　第 2 の能力は論理的思考力（ロジカルシンキング）です．

　「私は犬です」

という有名な課題があります．人間にとっては簡単な文ですが，AI（自然言語処理を行える機械）には，この文の意味理解をすることはできません．実は，この文の前にある文が重要な鍵を握っています．

　「私はネコを飼っています」
　「私は犬です（私は犬を飼っています）」

このように前にある文の可能性を想像できたとすると，あなたはかなりレ

▶自然言語処理
人間が読み書きする言葉や文章を作り出す言語である自然言語をコンピュータで解析するプログラムの機能．自然言語の対義語の一つにプログラミング言語があります．

ベルの高い論理的思考能力を持っているといえます．では，

夫がなくなりました．
妻がなくなりました．

という 2 つの文があったとします．どちらも事実を表現している文です
が，2 つの文の間に，「そして，」という言葉を入れてみましょう．これに
より，時間の経過あるいは因果関係を読み取ることができます．夫が亡く
なった失意で妻がなくなった，という意図が入っているようにも思えま
す．そのようなことを元の文から感じ取ることができたとしたら，あなた
はやはり高い論理的思考能力の持ち主といえるでしょう．

　このように，事実の記述だけでは意味理解ができない，あるいはしにく
いケースが多々あります．事実間の関係を表す言葉にも重要な意味が内包
されており，時にその存在が不可欠となります．そのことをプログラミン
グに取り入れるのは非常に難しい課題ですが，コンピュータを相手にする
には，あいまいさを最小限に抑えなければなりません．その道具の一つが
論理学における推論です．例えば，

A ならば B
B ならば C
　が成り立つとき，
A ならば C

▶論理学と推論
論理学とは，物事の定量的な
推論方法を導くための学問で
あり，命題論理やそれを拡張
した述語論理などが知られて
います．数学の命題は一階述
語論理の論理式によって記述
することができます．プログ
ラミング計算でも，論理式を
大いに利用します．

▶論理式
論理式については第 4 章で
説明します．

は，論理学の推論の基本ルールの一つです．プログラミングでは，こうし
た推論を**論理式**という形で使います．ただし，簡潔さのために論理式の統
合をよく使います．例えば，

If P1 then A　（もし，P1 ならば A）
If P2 then A　（もし，P2 ならば A）

を一つにして

If P1 or P2 then A　（もし P1 あるいは P2 ならば A）

などとします．簡潔さは論理的思考を助けることにもなります．
　論理的思考は，小さい頃からの教育が大きなウェイトを占めると思われ
ますが，もちろん大学からの専門教育でも遅くはありません．日常的にあ
らゆる場面で論理的思考を試みることで養うことができます．できれば毎
日，テーマを選んで論理的に文章を作ってみる訓練が有効だと考えます．
例えば，

• 公共交通機関を使わずに大学までいく方法
• インターネットを使わずに AI 研究の歴史を調べる方法

などを文章にする訓練はいかがでしょう．「日常の出来事でプログラミングではできないものにはどんなものがあるか」といった漠然としたテーマでもよいでしょう．

プログラマーに必要な能力——集中力

　第3の能力は集中力です．1970年代，カリフォルニア大学計算機学科のキャンパスで，何時間連続してプログラミングができるか，という競争がはやったことがあります．実は，Bell研究所がリリースする新しいUnixのコードの中から，誰がいち早くバグを見つけられるかを競い合っていたのです．

　著者の恩師だった若手教授（当時28歳）は，いつもトップを争っていました．それから20年後，彼は著者と一緒に会社を設立しましたが，そのプロジェクトにおいて，日米を飛行機で往復しながら3日間休まずプログラミングをし続ける姿を目撃しました．いくつになっても，すさまじい集中力を発揮していたわけです．

　また，かつて著者が金融のオンライントレードシステムを開発していたときには，納期の迫った1か月間は，10人のメンバーが24時間体制で交代しながら，会社のオフィスに泊まり込みでプログラミングをし続けました．もちろん現在では，このような働き方は推奨されません．米国では，長時間残業や休日出勤をしないために，プロジェクトマネジメント手法や，アジャイル開発手法などを導入する企業が半数以上になっており，一日の中で集中できる時間を制限しています．

▶アジャイル開発手法
プロジェクトマネジメントの代表的手法．2人で開発するペアプログラミングが有名です．

　ここで言う集中力とは，時間の長さではなく，一定時間にどれぐらい意識を一つのことに集中できるか，ということです．スポーツ，芸術，研究など，多くの分野で集中力は重要な能力とされていますが，プログラミングでは特に望まれる能力であり素質なのです．

　プログラマーの一日の平均的なコーディング数は1000を超えると言われています．ソースコードを作る作業は論理的思考の積み重ねであり，ある部分は集中力によって効率が高められます．もちろん，論理の深みに入ると抜け出せなくなるので，いったん中断して休憩を取ったり，場合によっては明日に延ばす，という選択も必要です．特にバグを直すことがなかなかできない，という壁にぶつかったときには，マインドフルネスなどの瞑想を行うとよいことを著者は何度か経験しています．悩んだときに心のよりどころとなる手段があるのはありがたいことです．

▶マインドフルネス
米国で普及したメンタルヘルスのための手法で，瞑想を重視します．興味のある方は，拙著『マインドフルネス：沈黙の科学と技法』（近代科学社，2017年）をご覧ください．

　最近では，個室ではなく大部屋で，かつ，立ち姿でプログラミングをするほうが集中できると言われています．そのため，プログラマーのオフィス環境が革命的に変化しつつあります．

演習問題

　プログラムを作るには，まず頭の中で論理を組み立てる作業が必要です．そこで，最初の演習問題として，以下のテーマを読み，その論理構造を文章（自然言語）で表現する，ということにチャレンジしてみましょう．

【テーマ】

　カフェを始めましたが，お客さんが増えてきたので業務の流れをコンピュータで管理したいと思います．まずは業務の流れを以下のように簡単なメモにしました．これを，プログラミングで表現できそうなレベルまで，詳細かつ論理的にまとめます．このメモをできるだけ細かく箇条書きにし，その論理構造を表現してください．自分で流れを想像して，論理を組み立て，文章で表現することでプログラミングに近づきます．

▶流れの設定
この設定は一つの例であり，決まったものではありませんので，自分で想像して書いても構いません．

　お客様がカフェに来ました．お客様はテーブルにあるタブレットでオーダーを選択します．オーダーの内容は厨房にいるスタッフに届きます．スタッフはオーダーに従ってコーヒーを入れます．コーヒーを入れたら，お客様の前のタブレットに「出来上がりました．」というメッセージを入れます．お客様はそのメッセージに従ってコーヒーを取りにいきます．お客様が席に着いたら，タブレットに「お客様はコーヒーを受け取りました．」というメッセージを入れます．お客様はタブレットを使ってカード番号を入れ，指示に従って金額を支払います．お客様が飲み終えたら，タブレットに「かたづけてください．」というメッセージを入れます．

第2章

Pythonの基本

何を学ぶか

　まずは Python の導入から始めます．環境設定をしたあとは，知っておくべき基本を学んでいきましょう．それが済んだら早速，Python の操作を試します．ソースコードを書くためのエディタの説明も行います．「習うより慣れろ」の格言のとおり，少し長めのプログラムをなぞり，実際に動かすことでプログラミングを体感しましょう．

この章の項目

2.1　なぜ Python か？

2.2　Python の導入

2.3　Python 用エディタ IDLE の導入

2.4　スクリプトファイルによるプログラミング

▶ソースコード
ソースコード中の最初の 2
行（頭に＃が付いている行）
は，このファイルを Python
で実行することと，使用する
文字コードを UTF-8 とする
ことを表しています．Win-
dows を使っている方は，1
行目はなくても構いません
が，macOS や Linux を使っ
ている方はこれがないと
Python で実行できないおそ
れがあります．2 行目はファ
イル自体が UTF-8 に設定さ
れていればなくても構いませ
ん．本書では，すべてのプロ
グラムにこの 2 行が入って
いることを前提とします．

▶文字コードのエラー
プログラムを実行する際，文
字コードが UTF-8 になって
いないと，下記のようなエラ
ーが出る可能性があります．

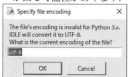

この場合は，ファイルをテ
キストエディタで開いてい
る状態で「ファイル」タブ
→「名前を付けて保存」を
選び，続いて出てくる画面
内の「エンコードの種類」
のプルダウンメニューから
「Unicode(UTF-8)」を選んで
保存します．テキストエディ
タでの開き方は後述します．

▶バージョン
執筆時点でのバージョンは
3.10.4 です．

▶モジュール
ソフトウェア部品などとも呼
ばれます．モジュールについ
ては，本章の後半や第 14 章
を参照．

　まずは，Python のプログラム（ソースコード）がどのようなものかを
見てみましょう．

ソースコード **2.1**　happytimezero.py

```
1  # !/usr/bin/env python
2  # -*- coding: utf-8 -*-
3
4  file = open('happy.txt')
5  for kurikaeshi in range(1,20):
6    memo = file.readline()
7    print (memo)
8  file.close()
```

　これは「はじめに」で紹介した，*でハートの形を作って出力するプロ
グラムの別のバージョンです．「はじめに」のプログラムでは，print を
いくつも並べて*がハートの形を作るようにしていましたが，このプログ
ラムではもっと複雑なことをしています．こんなに短いプログラムにもか
かわらず，たくさんの*を出力してハートの形を描くことができます．こ
のプログラムは，*がハートの形に並んだデータをファイルから読み出す
ことで画面に出力しています．

　このプログラムが何をしているのか，今は理解できないと思いますが，
この本を読み続けると，糸がほぐれるように意味が分かるようになるはず
です．そして，もっと難しいプログラムが作れるようになります．

2.1　なぜ Python か？

　Python がプログラミング言語として世に出たのは 1990 年代初頭です．
Python はソースコード公開型のソフトウェアであるため，ソースコード
やドキュメントの中身を見ることができます．その内容を読み解くことが
できれば，設計概念を知ることもできます．世界中の開発者がこの言語の
発展に貢献しており，バグ修正，機能追加，モジュールの公開，新しいバ
ージョンのリリースなど，商業版のソフトウェア以上にサポート体制が充
実しています．

　Python の大きな特徴として，ほとんどのプラットフォーム（PC）上で
安定して動くようサポートされていることが挙げられます．また，計算科
学的には，オブジェクト指向（第 14 章を参照）であること，動的なデー
タ型（第 3 章を参照）を提供していること，データ型の数が充実してい
ること，モジュールやパッケージなど商業用ソフトウェアを開発するのに
も適した機能を持っていることなども特徴として挙げられます．

　対話型のコマンドラインを使って 1 行ずつ実行できるインタプリタを
備えていることも特徴の一つです．これを利用することで，プログラムを
作り込む前に新しい機能やモジュールを動かして試すことができます．

2.2　Python の導入

　それでは，Python が動作する環境を PC 上に作ってみましょう．まずは，以下の Web サイトを表示させます．

```
https://www.python.org/
```

すると，以下のトップページ画面が現れます．なお，ここでは Windows 環境に設定する場合の説明を行いますが，macOS など，その他の OS への導入方法も基本は同じです．

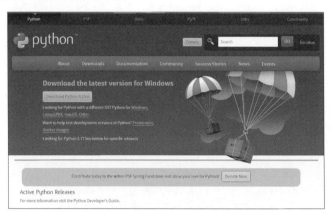

　画面のレイアウトは若干変更されているかもしれませんが，画面中の青い帯の中にある「Downloads」にマウスのカーソルを合わせると，「Download for Windows」というポップアップ画面とボタンが現れます（以下）．

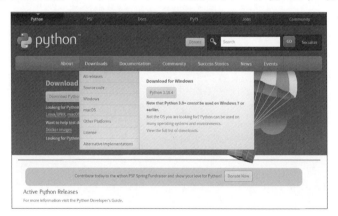

　ボタンをクリックすると実行ファイル「python-*.*.*.exe」がダウンロードできます．「*.*.*」の部分にはバージョンの数字が入ります（執筆時点では 3.10.4）．

　この実行ファイルをダブルクリックします．そのあとの画面に出てくる「Install Now」という部分をクリックしますが，この画面下部にある「Add Python *.* to PATH」というチェックボックスにチェックを入れる

のを忘れないようにしましょう. これを付けないと, コマンドプロンプト
（macOS の場合はターミナル）から操作することができない場合があります.

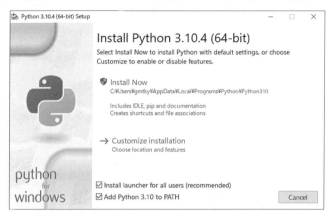

すでに Python をインストールしている場合は「Upgrade Now」という
画面が出るはずですので, そこをクリックします. 最終的に「Setup was
successful」という画面が出たら完了です.「Close」をクリックして画面
を閉じます.

2.3 Python 用エディタ IDLE の導入

早速, Python 用エディタ「IDLE」を立ち上げてみましょう. IDLE は,
Python と一緒に自動的にインストールされます. エディタとは, プログ
ラムを書くための "紙" のようなもので, ソースコードをここで書いた
り, 実行したりします.

IDLE を起動すると, 以下の画面が開きます.

「>>>」という記号のあとに，以下のように入力してください．文字，スペース，記号（クォーテーションマーク）は半角でなければなりません．

```
>>> 'My name is Masa'
```

エンターキーを押す（実行する）と，以下のように表示されます．記号 Enter は，エンターキーを押す動作を表しています．

```
>>> 'My name is Masa' Enter
'My name is Masa'
```

できましたか？ 次に，

```
>>> import this Enter
```

と入力して実行しましょう．すると興味深い英文が表示されるのですが，それは皆さん自身で確かめてください．

　いま入力したような短いプログラムはコンピュータへの命令であり，スクリプトとも呼ばれます．IDLE を使うと，1 行ずつスクリプトを入力して実行できるため，結果をすぐに知ることができます．まるでコンピュータと対話をするように，スクリプト入力と実行をくり返しながら結果を表示させられる仕組みをインタプリタと言います．IDLE のような「Pythonインタプリタ」を備えていることは，Python の特徴でもあります．

　インタプリタは，Python がどんなものかを試したり，機能をテストするのには便利です．しかし，一般的な長いプログラムの作成には向いていません．以下では，インタプリタのみで確かめられる Python プログラミングの例と注意点をいくつか紹介します．

▶スクリプト
スクリプトとは一般に，コンパイル作業が必要ないプログラムのことをいいます．コンパイルとは，人が書いたプログラム（ソースコード）を機械が理解して処理できるよう変換することです．C言語などはコンパイル後のファイルがないと実行できないため，コンパイラ言語などと呼ばれます．一方，Pythonは人手によるコンパイル作業が不要であり，スクリプト言語あるいはインタプリタ言語などと呼ばれます．

全角は使わない

　Python で全角文字を使うとエラーになります．プログラミングでは，全角を避けてください．実際に全角の数字を使って計算式を入力すると以下のようになるはずです．

```
>>> １ + ２ + ３ + ４ + ５ Enter
SyntaxError: invalid character '１' (U+FF11)
```

「SyntaxError」は構文の間違いを意味します．つまり，使ってはいけない全角を使っているためにエラーメッセージが出ているわけです．今度は，きちんと半角で入力してみましょう．

▶全角のスペース
全角のスペースも使ってはいけません．後述するインデント（ブロック）を使う際は，注意しましょう．

```
>>> 1 + 2 + 3 + 4 + 5 Enter
15
```

　正しい結果が得られました．

表現形式に気をつける

以下の場合はどうでしょうか？

```
>>> 2 +  Enter
SyntaxError: invalid syntax
```

先ほどと同じように構文の間違いを示すエラーメッセージが出ているため，誤った入力であることが分かります．2 という数字のあとに「+」（プラス）の符号が付いただけで終わっていますが，これは正しい表現形式ではありません．では，–3（マイナス 3）と入力するとどのような結果になるでしょうか．それは皆さん自身で確かめてください（このように，疑問に思ったらまずは試してみることです）．

特殊な命令を覚える（組み込み関数）

いま見たような算術計算をさせる以外に，インタプリタでは，コンピュータにさまざまなことを行わせる機能「組み込み関数」が使えます．試しに，いくつかの組み込み関数を使ってみましょう．それぞれの用語については，今は分からなくて結構です．

▶組み込み関数
組み込み関数については，本章の後半で説明します．

● ord()：Unicode コードポイント（10 進数）を示します．

```
>>> ord('A')  Enter
65
```

▶Unicode
世界中の文字をコンピュータ上で使えるようにした集合のこと．それぞれの文字にはコードポイントという数字が振られています（これを符号化といいます）．これら符号化された文字を実際にコンピュータを使って出力するには別途符号化が必要になります．その形式（方式）として，UTF-8 や UTF-16 があります．その形式まで含めて Unicode といいます．

● chr()：Unicode コードポイント（10 進数）から文字を表示します．

```
>>> chr(88)  Enter
'X'
```

● bin()：バイナリ表記を示します．

```
>>> bin(0)  Enter
'0b0'
>>> bin(1)  Enter
'0b1'
>>> bin(2)  Enter
'0b10'
```

▶バイナリ
2 進数，あるいは 2 進数で表記されたデータのこと．命令 bin(0) の括弧中の 0（ゼロ）は 10 進数の 0 であり，結果'0b0' の一番右の 0 は 2 進数の 0 です．bin(2) の実行結果である'0b10' は，10 進法の 2 が，2 進数では 10 になることを示しています．

このように，2 は 2 進数では 10 となります．では，88 を 2 進数で表すとどうなるでしょうか？ bin() を使えば簡単ですね．

```
>>> bin(88)  Enter
'0b1011000'
```

2.4　スクリプトファイルによるプログラミング

　本書では，いま見てきたようなインタプリタを使ってスクリプト入力と実行を一つひとつくり返していくやり方だけでなく，テキストファイルにソースコードを保存して，それを実行する学習も行います．スクリプト（ソースコード）を記したテキストファイルのことをスクリプトファイルと呼びます．スクリプトファイルを実行する方法では，より複雑な処理が行えるほか，学習内容を残しておくこともできます．

プログラムをファイルに保存する

　本書ではプログラミング用のエディタとして IDLE を使います．先ほど述べたように，IDLE は Python プログラミングで標準的に使われているエディタです．

　はじめに，プログラムを書くための新しいファイルを作りましょう．IDLE を立ち上げ，「File」タブのプルダウンメニューから「New File」を選びます．すると，以下のように新しいファイルが開きます．試しに，print と入力しましょう．

▶その他のエディタ
他にも Sublime Text というエディタを著者は使っています．これ以外に，どのようなエディタがあるか調べてみましょう．

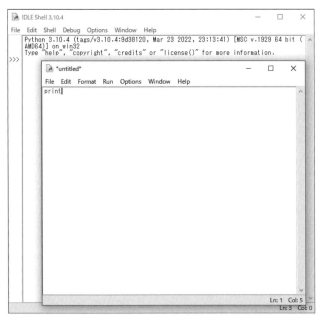

続けて，次のように入力します．

```
print('My name is Masa')
```

入力が終わったら，以下の手順でこのプログラムを実行してみましょう．「Run」タブのプルダウンメニューから「Run Module」を選びます．すると，以下のように，「Save Before Run or Check」という画面が現れます．つまり，実行の前に，このファイルを保存するかどうか聞かれているので

す.

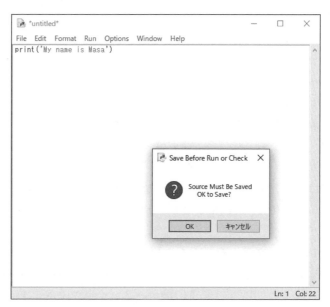

「OK」を押すと，ファイル名と保存場所を聞かれます．ファイル名は「sample-print」としておきます．なお，IDLE では保存するときにファイル名を入れると，自動的に「py」という拡張子が付加されます．つまり，

```
sample-print.py
```

というファイル名で保存されます．ファイルが保存されると，このプログラムが実行されます．

なお，IDLE ではなく，Windows ならコマンドプロンプト（macOS な

らターミナル）で実行することもできます.

　コマンドプロンプトを開き，いま作成した「sample-print.py」が保存されているディレクトリ（フォルダと同じ意味です）に移動します. なぜなら，プログラムファイルは，そのファイルが保存されているフォルダ内でないと実行できないからです.

　コマンドプロンプトでディレクトリ（フォルダ）を移動するにはcd（チェンジディレクトリ）というコマンドを使います. 例えば，いま作成した「sample-print.py」が保存されている場所が,

```
C:\Users\matsu\mybook>
```

というディレクトリ構造の最下層フォルダ「mybook」だとします. 一方，コマンドプロンプトを立ち上げたときのディレクトリ（カレントディレクトリ，つまり現在いるディレクトリのこと）が,

```
C:\Users\matsu>
```

であったとすると，以下のようにcdコマンドを使えば，カレントディレクトリを，ファイルの保存されているフォルダに移動することができます.

```
C:\Users\matsu\>cd C:\Users\matsu\mybook  Enter
C:\Users\matsu\mybook>
```

移動できましたか？　この状態で,

```
 sample-print.py
```

と入力して実行しましょう.

```
C:\Users\matsu\mybook>sample-print.py  Enter
My name is Masa
```

　先ほど，IDLE で得られたのと同じ実行結果が出ましたね.

　なお，IDLE を使ってプログラムの内容を書き換えながら「Run」で実行していく際，ファイルの保存を促すメッセージがいちいち出るため，わずらわしいと感じるかもしれません. その場合は以下のようにします. まず，「Options」メニューで「Configure IDLE」を選びます.

　その後に出てくる画面中にある「Shell/Ed」タブ中の「At Start of Run」

▶その他の実行方法
または，Power Shell でも実行できます.

▶ディレクトリ構造
ファイルが保存されている場所をディレクトリ構造で示したものをパスといいます.

を「No Prompt」にしておきます．これで，保存のメッセージが出ること
なく実行し続けられるため，おすすめです（最初の保存の際は必ず出ます
が）．

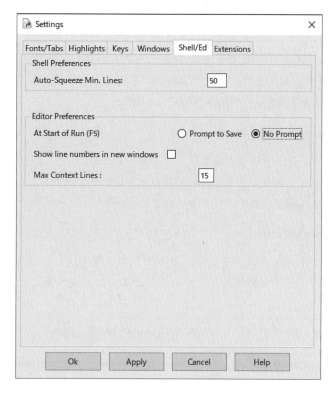

プログラムの書き方の基本：改行に気を付ける

Python のプログラムでは，行（ライン）の概念が重要です．スクリプ
トの途中で改行すると，スクリプトはそこで終わりと見なされます．明示
的に（あるいは暗に）複数行にわたる表記方法を用いない限り，行の終わ
りはスクリプトの終わりを意味します．そのため，単に改行しただけでは
不完全なスクリプトとなってしまうおそれがあります．

明示的に複数行にまたがるようにするにはバックスラッシュ記号(\) を
使います．以下は，先ほど作ったプログラムと同じ結果を表示します．

```
print('My \
 name \
 is \
 Masa')
```

以下のように大括弧[] を使うと複数行にまたがった表記ができます．

```
month_names = ['January','February','March',
```

```
'April','May','June','July','August',
'September','October','November',
'December']
```

プログラムの書き方の基本：適宜コメントを入れる

プログラム中にコメント（メモや注意点など）を書いておくと，あとで役に立つことがあります．Python では，スクリプトの実行に影響を与えないようにプログラム中にコメントを入れることができます．プログラムの中に#を付けると，そこから行の終わりまでに書かれたことはプログラムの実行に影響を与えません．#を付けることをコメントアウトするともいいます．以下では，「#自分の名前を表示」という文言は，このプログラムの実行に影響を与えません．

```
print('My name is Masa') #自分の名前を表示
```

プログラムの書き方の基本：適切にインデントする――ブロック

インデント（字下げ）は Python のユニークな表記方法です．Python では，行の頭の空白文字の数が同じ領域をブロックと呼び，それらを同じまとまりと見なします．インデントの異なる文章が現れると，そこでブロックは区切られます．再度同じインデントのブロックが現れたとしても，それは別のブロックと見なされます．あるブロックで定義された変数などはその領域だけで使えるという決まりがあります．

インデントは，スペースキーによる空白を使っても，タブキーを使ってもどちらでも構いませんが，両者を混在させることはできません．今はまだピンとこないと思いますが，学習が進んでいくと納得できるようになります．

プログラムの書き方の基本：モジュールを利用する

Python には，すぐに利用できる「モジュール」がたくさん用意されています．モジュールの詳しい説明は第 14 章で行いますが，モジュールとは Python 言語で書かれたプログラムのまとまり（プログラム部品）のことで，何度も利用されることを想定して作られるものです．ですから，利用のたびにそのプログラムを作る必要はありません．あくまでもプログラムですから，その実体は「py」という拡張子の付いたファイルです．

モジュールにはいくつかの種類があります．すぐに使えるものとしては，大まかに，以下の 3 つが挙げられます．

▶複数行のコメント
複数行をコメントアウトしたいときは，コメントアウトしたい行を以下のように 3 つのクォーテーションマークで挟みます（ダブルクォーテーションでも結構です）．
'''
この行はコメントアウト
この行もコメントアウト
'''

▶空白文字の数
空白文字の数に決まりはありません．同じ空白文字でインデントされていることに意味があり，それらをブロックと呼ぶのです．

▶**Python** のモジュール
拡張子が py で，Python で実行できるソースコードを持つファイルは，すべてモジュールといえます．以下に述べる自作の関数も，もちろんモジュールです．

〈**Python のモジュール**〉

1. 組み込み関数（そのまま使用できる．print() など）
2. 標準ライブラリが提供するモジュール（Python に付属しており，必要に応じて読み込んで使用する．math など）
3. 外部ライブラリが提供するモジュール（別途，インストールが必要．NumPy など）

　例えば，標準ライブラリの中のモジュールを利用するには，命令 import を使って，そのモジュールを読み込む必要があります．具体的には import の後に，使いたいモジュール名を記述します．標準で使われるものとしては，math，sys，io などがあります（今はこれらが何かが分からなくても問題ありません）．これらを利用するには，ソースコードの最初で，それぞれ下記のように読み込みます．

```
import math
import sys
import io
```

　なお，自作のプログラム（モジュールとして保存したファイル）を利用するときにも，import を使って読み込みます．自作のプログラム名が myprog なら，

```
import myprog
```

のようにして読み込みます．以下で，自作の関数を作るプログラミングを体感しながら，このことも見ていきましょう．

プログラミングを体感しよう

　それでは，プログラムを入力する体験をしてみましょう．この章の最初で紹介したプログラム（*を出力するプログラム）とは異なる形式のプログラムを作ってみます．"こんな感じでプログラムが作れるんだ！"という感触だけつかめれば結構です．エディタの使い方とインデントの仕方の練習にもなるはずです．

　早速，IDLE のエディタを使って，以下に示すプログラムを自分で書いてみましょう．ファイル名は，myprog.py として保存します．

　すでに学んだとおり，#の付いたところはコメントですので入力は不要です．また，インデントの使い方に注意してください．それが誤っているとエラーになります．書かれている内容については，今は分からなくて当然です．なお，プログラム中の各行左側の数字は分かりやすくするために付けたもので，皆さんは付ける必要はありません．

▶モジュールの読み込み
モジュールの読み込みには，import の他に from や reload を使う方法があります．詳しくは，第 14 章で説明します．

▶自作のプログラム
例えば，特定の計算をさせる関数を作ることなどを指します．関数を自作する（定義する）ことについては第 5 章で説明します．なお，自作のプログラムを利用するには，そのプログラムを含むモジュールが同じディレクトリに保存されている必要があります．そのモジュールのファイル名には，拡張子「py」が付いているはずです．

▶ファイルの保存場所
ファイルは分かりやすい場所に保存します．必ず専用のフォルダ（ディレクトリ）を作り，分かりやすいフォルダ名を付けて，その中に保存するようにしましょう．

▶エラーの修正
拡張子が py のファイルは，ダブルクリックをしても開けないかもしれません．Python のファイルの中身はテキストデータですので，例えば Windows マシンで開く際は右クリックで「プログラムから開く」を選び，「メモ帳」などのテキストエディタを使って開きます．なお，py ファイルを新規に作りたいときは，先ほど紹介した方法以外に，コマンドプロンプトを使って，ファイルを作りたいフォルダに移動し，「type nul > test.py」のように入力すると，test.py という名前の空のファイルができます．試してみましょう．

ソースコード **2.2** myprog.py

```
1  def substr(data,s,l): #関数名とそのパラメータの指定
2    if len(data) > 0:
3    #data という名前の変数の中に入っている値の長さ ＞ 0の判定
4      if s < len(data):
5        if l < len(data):
6          result = data[s:l]
7          #開始の位置から終指定の位置までのdata を result に入れる
8        else:
9          result = data[s:]
10         #開始の位置から終指定の位置までのdata を result に入れる
11       else:
12         print('s is too big')
13         #開始の位置がdata の長さの外にある
14         result = -1
15     else:
16       print('string is null') #Data はない
17       result = -1
18     return result #結果を返す
```

できましたか？ では，IDLE を使ってこのプログラムを実行してみましょ
う．先ほど説明した内容のおさらいです．もしも，いま作った myprog.py
を閉じてしまった場合は，「File」タブのプルダウンメニューから「Open」
を選び，このファイルを開きましょう．すると，別のポップアップ画面
にこのソースコードが立ち上がります．あとは，先ほど説明したとおり
に実行します（その画面内にある「Run」タブのプルダウンメニューから
「Run Module」を選びます）．実行結果は次のようになるはずです（ディ
レクトリのパスは，先ほどの説明と同じものにしていますが，皆さんの環
境では異なるはずです）．

```
= RESTART: C:\Users\matsu\mybook\myprog.py
>>>
```

▶ファイルの開き方
保存したファイルを開く際
は，ファイルの入っているフ
ォルダ（ディレクトリ）のパ
スをあらかじめコピーして
おき，「Open」を選んだ後に
出てくるファイル選択の画面
で，そのパスをペーストして
フォルダを開いてから，開き
たいファイルを選択する（開
く）ようにしましょう．

続けて，次のように入力して実行すれば結果が得られます．

```
= RESTART: C:\Users\matsu\mybook\myprog.py
>>> substr('abcdefg',0,5)  [Enter]
'abcde'
```

では，ここで行われていることを簡単に説明しましょう．ソースコード
の具体的な中身については，今は分からなくて結構です．
　このソースコード（モジュール）は，ある関数（自作の関数：substr()）
を定義するためのプログラムです．それは，ある文字列から何文字かを抽
出して表示する，というものです．ソースコードの段階では，文字列の中
身や抽出範囲については具体的に決まっていません．このプログラムを実
行したときに，それらの値を指定します．
　指定した文字列は，substr('abcdefg',0,5) の括弧中の'abcdefg' で

す．続く，0 と 5 が「0 番目から 5 文字目までの数」を示しています．これが抽出範囲となります（Python では 0 番が最初の数になるというルールがあります）．つまり，この文字列の最初から 5 文字目までの文字は「abcde」ですから，結果は確かにこのとおりになっています．

なお，このモジュール myprog.py を，先ほど紹介した import を使って呼び込んで利用することもできます．そのようなプログラム (five.py) を作ってみましょう．

▶関数の定義と読み込み
この例では自作の関数を別のプログラムから読み込んでいますが，一つのプログラムの中で関数の定義と読み込みを行うこともできます．詳しくは，第 5 章で説明します．

ソースコード 2.3　five.py

```
1 import myprog
2 instring = 'abcdefg' #文字列の例を代入
3 kekka = myprog.substr(instring,0,5)
4 #myprog の関数を使って結果を代入
5 print(kekka) #結果を出力
```

このプログラムを実行してみましょう．実行の仕方は，上述の説明と同じですが，今度は「Run Module」を選ぶだけで結果が得られます．abcde になりましたか？

演習問題

1. 以下の文章を，表示結果のように 3 行になるよう画面に表示させてみましょう．

　　　晴れ．京都旅行．銀閣寺のちかくのおいしそうな蕎麦屋に入ってみた．京都名物のにしんそばを頼むと手打ちそばで驚いた．

【表示結果】

```
晴れ．
京都旅行．銀閣寺のちかくのおいしそうな蕎麦屋に入ってみた．
京都名物のにしんそばを頼むと手打ちそばで驚いた．
```

2. ソースコード 2.3 を使い，1 の【表示結果】に示されている 2 行目の文章の，最初から 5 文字目まで「京都旅行．」が出力（抽出）されないようにしてみましょう．

【ヒント】

ソースコード 2.3 の中の instring ='abcdefg' の部分を，bun =' 京都旅行．銀閣寺のちかくのおいしそうな蕎麦屋に入ってみた．' と変え，パラメータを指示どおりに変えます．

3. ソースコード 2.3 を使い，1 の【表示結果】に示されている 3 行目の文章から「にしんそばを頼む」の部分だけを出力（抽出）してみましょう．

第**3**章

簡単な命令とデータ型

何を学ぶか

　私たちはコンピュータを使って勉強や仕事をします．"コンピュータに命令して作業をさせている"ととらえることもできます．このときコンピュータ内部では多種多様なデータが飛び交いますが，それらは作業内容によって性質（型）が異なります．本章では，コンピュータに命令する際に不可欠なデータ型について学びます．

この章の項目

3.1　数字とその計算式

3.2　値とデータ型

3.3　変数と代入

3.4　関数の名前と扱い方

3.5　プログラムにおける日本語と英語

3.1　数字とその計算式

　プログラミングとは，簡単にいうと，コンピュータに仕事の指示あるいは命令を出して結果を出させることといえます．プログラム（ソースコード）は，そのための指示書といえるでしょう．

　コンピュータへの命令として分かりやすいのは，計算式を解かせることです．そこでまずは，数字を使った計算式（つまりは，算数）の表現について説明します．一般に，算数では＋（加算），−（減算），＊（乗算），／（除算）の記号を使います．また，括弧を使って計算の順序を明確にします．こうした規則はPythonでも同じです．これらのことに気を付けないと，バグを生みやすいプログラムになるので注意が必要です．

　まずは，IDLEを使って簡単な計算をいくつか行ってみましょう．

▶記号
こうした記号を算術演算子といいます．演算子の詳しい解説は，第9章で行います．

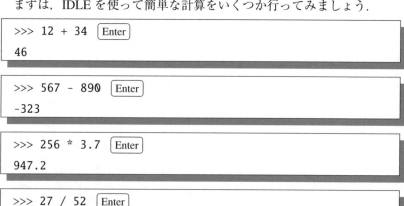

```
>>> 12 + 34  Enter
46
```

```
>>> 567 - 890  Enter
-323
```

```
>>> 256 * 3.7  Enter
947.2
```

```
>>> 27 / 52  Enter
0.5192307692307693
```

　Pythonにおける括弧の使い方や計算の順序は算数と同じで，括弧の中が優先されます．以下の例を見てましょう．

　(1+2)*3

　この例では，括弧の中の加算 (1 + 2) が最初に行われ，その結果と次の数3の乗算が行われます．これをIDLEに入力すると，以下のように正しく計算できていることが分かります．

```
>>> (1 + 2) * 3  Enter
9
```

　余談になりますが，このように普段，当り前に使っている算数の計算順序を数学的に正確に表現するために，計算科学の分野ではBNF（バッカス＝ナウア・フォーム，あるいはバッカス・ノーマル・フォーム）という形式を使っています．第2章で，下記の"計算式"を実行すると，構文に間違いがあるためにエラーが出ることを説明しました．

```
>>> 2 + [Enter]
  File "<stdin>", line 1
    2+
     ^
SyntaxError: invalid syntax
```

　実は，この"計算式"でエラーが出るのは，BNF という形式に則っていないからです．BNF とは，語学の文法のようなもので，これが間違っていると計算ができない仕組みになっています．

　プログラミングで表現する式が正しいか誤っているかを判定するのは，人ではなくコンピュータです．上で紹介した数式は，やや単純なものでしたので，人の目で正しいかどうかを判断することは容易でした．しかし，計算式がもっと複雑になると，人の目だけでは判断が難しくなる場合があります．また，一般的にプログラミング言語は，数式以外にもさまざまな表現式を使います．何万行にもなるプログラムが，すべて正しい表現式になっているかどうかを人手だけで判定することはとても難しいことなのです．そこで，パーサーという，プログラミング言語の形式（"文法"のこと，シンタックスとも呼ばれます）を判定するプログラムが使われます．このパーサーこそ，BNF によって作られています．

▶パーサー
作成されたプログラムが，その言語の規則に準拠しているかを判定する重要な機能のこと．ただし，パーサーはプログラム自体のロジック（論理）の正否を判定することはできません．

　人間が普段使っている言語は，あいまいな表現を許す言語であり，自然言語と呼ばれています．そんな，あいまいさを許す自然言語であっても，しゃべっている内容を理解してもらえないことがあるのは，文法の規則を破っている場合が多いからといえます．人間の頭の中には文法規則を判定するパーサーがあると言われていますが，プログラミング言語はまさにこの仕組みが厳格に働いています．

　本書では詳しく紹介しませんが，Python の学習が進んでいくにつれて，エラーのないプログラムをどう作るかについて考える必要に迫られるはずです．その具体的な解決方法が，文法をきちんと押さえることといえます．そのことをいつも頭の片隅に置いておくようにしましょう．

3.2　値とデータ型

　プログラミングでは，たくさんの値が使われます．数（数字）もその一つです．値には種類があり，データ型（クラス）という概念で区別されます．ある値，例えば 37.5 のデータ型を知りたいときは，以下のように IDLE に入力して調べることができます．

▶値の意味
Python は値そのものの意味が理解できるわけではありません．人間が 37.5 という値（数字）を見たとき，気温かな？体温かな？とあれこれ推論しますが，プログラム，ひいてはコンピュータには数字の意味を判定することはできません．
▶クラス
クラスについては第 14 章参照．

```
>>> type(37.5) [Enter]
<class 'float'>
```

type() とは，データ型を調べるための命令です．つまり，「37.5」という数字のデータ型が何かを表示するようコンピュータに命令したところ，「float」という結果を返してきた，ということです．float の意味も含めて，詳しくは以下の例題で見ていきます．

例題

以下の値のデータ型を調べてみましょう．

123　　3.14　　'abc'　　'あいうえお'　　1+2*3　　1/3　　'123'

```
>>> type(123)  [Enter]
<class 'int'>
```

123 のデータ型は int（整数型）です．つまり，数字が整数であればデータ型は int です．

```
>>> type(3.14)  [Enter]
<class 'float'>
```

3.14 のデータ型は float（浮動小数点型）です．つまり，数字が小数点を持つ数字であればデータ型は float です．

```
>>> type('abc')  [Enter]
<class 'str'>
>>> type('あいうえお')  [Enter]
<class 'str'>
```

▶文字列型
逆にいうと，クォーテーションマークでくくっているためにデータ型が文字列になるのです．クォーテーションマークでくくったものを文字列リテラル，くくらないものを数値リテラルとも呼びます．

'abc' も 'あいうえお' も，データ型は str（文字列型）です．文字列とは文字の羅列のことです．つまり，データ型が str のものは文字列ということになります．英語と日本語の区別はありませんし，混在もできます．また，長さに制限はなく，'A*B/C $ &' のように特殊文字が含まれていても構いません．ただし，'abc' もしくは"abc"のように，シングルクォーテーションマークあるいはダブルクォーテーションマークでくくらないとエラーが出ます．

```
>>> type(1+2*3)  [Enter]
<class 'int'>
```

1 + 2 * 3 のデータ型は，その計算結果（7）のデータ型（int）となります．

```
>>> type(1/3)  [Enter]
<class 'float'>
```

1/3 のデータ型も，その計算結果（0.3333333333333333）のデータ型（float）です．

```
>>> type('123')  Enter
<class 'str'>
```

'123' は，中身が整数のため整数型になりそうですが，' ' でくくって
いるため，文字列型（str）となります．では，123,456 のデータ型は何に
なるでしょうか？

```
>>> type(123,456)  Enter
Traceback (most recent call last):
  File "<stdin>", line 1, in <module>
  TypeError: type() takes 1 or 3 arguments
```

これは，カンマが入っているためエラーとなります．Excel などでは数
字にカンマの入った表記が使えますが，Python では許されません．

文字列のインデックス

先ほど見たように，データ型が文字列型（str）になるものは文字列と
いうことになります．文字列（文字列型）には便利な機能が内蔵されて
います．第9章で詳しく説明しますが，文字列のインデックスを使うこ
とが可能です．インデックスとは，文字列の中の各文字の番地（位置）を
示すもので，左から数えて最初の文字が 0 番地，次が 1 番地となります．
その仕組みを見てみましょう．

まず，IDLE に下記のように入力して実行します．これは，w という値
（変数）に' こんにちは' という文字列を代入することを意味します．

```
>>> w = 'こんにちは'  Enter
>>>
```

▶変数
変数や代入については，本章
の後半で説明します．

2 つ目の>>>のあとに，w[0] と入力して実行しましょう．

```
>>> w = 'こんにちは'  Enter
>>> w[0]  Enter
'こ'
```

' こ' という結果が出ました．これは，変数 w に代入された文字列' こ
んにちは' の中の最初の文字（これを，w[0] と表現します）が，' こ' で
ある，ということです．あるいは，w を使わずに，以下のようにして取
り出すこともできます．

```
>>> 'こんにちは'[0]  Enter
'こ'
```

同様に，w[1] は' ん'，w[2] は' に' となります．試してみましょう．

文字列の結合

　＋（プラス）は 2 つの文字列を結合して新しい文字列を作成します.

　'ABC' + ' 山田'

はエラーでしょうか？ 数字ではないので算数の足し算ではエラーになりますが，Python では正しい形式です．IDLE に入力して，どのように結合するか確かめてみましょう.

```
>>> 'ABC' + ' 山田'  Enter
'ABC 山田'
```

結果は'ABC 山田' となりました．つまり，＋記号を文字列（文字列型）に適用すると，それらを単純に結合させます．数字（整数型，もしくは浮動小数点型）を結合させる場合とでは，全く異なる結果を生み出すことになります.

```
>>> 123 + 45  Enter
168
```

```
>>> '123' + '45'  Enter
'12345'
```

　それでは,

　15 +' 20'

はどうでしょうか？ 数字と文字列が混在した結合は文法上の違反であり，エラーとなります.

```
>>> 15 + '20'  Enter
Traceback (most recent call last):
  File "<stdin>", line 1, in <module>
TypeError: unsupported operand type(s) for +:
  'int' and 'str'
```

　以上の例から明らかですが，Python では' 'でくくられているかどうかで，数値であるか文字列であるかを判定しており，数字は数字と，文字列は文字列としか結合しない（できない）仕組みになっています.

　なお，Java や PASCAL などのプログラミング言語では，変数のデータ型を事前に宣言しておく必要があります．そのほうが，プログラムのエラーを早期に発見できるというメリットがあります．一方，Python では，データ型をあらかじめ宣言する必要はありません．あとで見るように，具体的なデータ型を持った値が変数に代入されるときに決まります．そのため便利に感じますが，逆に上記のようなエラーが生じやすくなるので注意

▶文字列の演算
文字列の演算については第 9
章参照.

が必要です.

変数

　これまでは, 数 (数字) の他に, ''でくくられている文字列について
紹介しましたが, ''でくくられていない文字列を**変数**と呼びます. 数学
で方程式を解く場合にも, 同じように変数を使いますね. 例えば,

$$x + 3 = 4$$

といった式がそうです. $x * y$ や $(x + y) * (z - w)$ のように変数が複数ある場
合もあります. こうした変数は方程式を解くため, すなわち変数の値を求
めるために使われます.

　プログラミングにおいては, 変数は値を代入するための器 (入れ物) と
考えます. 一般に, 変数名だけではその値のデータ型は分かりません. 先
ほども紹介したとおり, プログラムが実行される際に, 変数に動的に代入
される値によってデータ型が決まります.

$$x = 3$$

であれば, x のデータ型は整数型です.

$$y = \text{'ABC'}$$

であれば, y のデータ型は文字列型です. このとき,

$$x + 5$$

は正しい表現ですが (なぜなら, x は整数型のため),

$$y + 5 \text{ や } x + y$$

はデータ型の異なる結合のためエラーとなります (なぜなら, y は文字列
型, x は整数型だからです). ただし,

$$y + \text{'5'}$$

とすると, その結果は, 'ABC5' となり, 結合された文字列となります.

　このように, プログラムでは多くの場合, 特定の行だけを見ても, 正し
いかエラーになるかを判定することはできません. 実は, 正しいか否かの
解析には, データ型だけでなく, 各行の順序や論理 (ロジック) などの確
認も必要です. 論理については次の章で詳しく説明します.

3.3　変数と代入

　ここからは変数の使い方を見ていきます.

　値が未定，あるいは任意の値を持つ可能性のある場合に変数を使います．変数を使わなければプログラムは作れない，といっても過言ではありません．プログラミングの目的は，何らかの入力データに対する処理結果を変数を使って出力することといえるからです．

　プログラムは，実行されるそのときまで，どのようなデータが入力されているかを知ることができません．プログラミングを図示すると以下のようになります．

入力 → プログラム（処理）→ 出力

　入力データがどんなものか，プログラムには事前予測ができないのが通常なので，その値を暫定的に表現するために変数が必要となります．同様に，プログラム内でデータを加工したり，具体的に数値計算をしたりするときに暫定的に値をしまっておく必要がありますが，その場合にも変数が必要となります．

変数名の付け方

　変数は名前を付けて使います．変数名の付け方はプログラミング言語によって規則が異なりますが，Python では以下のような規則があります．

〈変数名の付け方の規則〉

- 使えるのは半角英数字，ハイフン，アンダースコアのみ
- 大文字と小文字は区別される
- 変数の最初に数字は使えない
- 使ってはいけないワードがある（if など）
- 日本語は使えない（全角文字はもちろん半角文字も使えない）
- 特殊文字（@，$ など）も使えない

　なお，変数名に日本語が使えないのは歴史的な事情があるからで，技術的な問題ではありません．また，半角のアルファベットは小文字だけを使うのが安全です．なぜなら大文字との見分けがつきにくい場合もあり，エラーを生み出しやすいからです．例えば，変数名を First と Second と付けたとします．それらの変数を使った計算を誤って First + second とした場合，second は存在しませんというエラーが出ます．Second と second とは別の変数だからです．

　以下に，変数名としてダメな例を挙げます．

〈変数名としてダメな例〉 ────────────

山田　123a　yamada@kakashi　$123　など

　また，上にも挙げましたが，変数として使ってはいけないワードがあります．以下のワードは予約語と呼ばれ，Python の中では特別の意味があるので変数名としては使えません．

〈変数名として使えないワード例〉 ────────────

if　else　while　for　True　False　def　など

　予約語は，Python では重要な命令などに使われているため，変数名としては使えないのです．

代入の規則

　プログラムの大半は，以下で見るように代入のステートメントで成り立っています．ステートメントとは，プログラムの中身を構成する一つひとつの文（命令や宣言など）のことです．Python では代入という形で変数を"宣言"します．これまで見てきたとおり，変数のデータ型を明示的に宣言する必要は，Python にはありません．

　代入には＝（イコール）を使いますが，数学で使われるイコールとは異なり，代入するという意味を持ちます．そのため，代入演算子とも呼ばれます．代入の仕方は，

```
変数名 ＝ 値
【例】var = 'ABC'
```

あるいは，

```
変数名 ＝ 変数名
【例】var1 = var2
```

のようにします．これらは，右辺の値（あるいは変数名）を左辺の変数名の付いている場所に代入する（保存する，あるいはリンクを付ける）操作と考えてください．ここで，よくある代入のステートメントの例を挙げてみます．直感的ではないので，最初は難しいと感じるかもしれません．

```
k = k + 1
```

これは，変数kの値に1を加え，その変化した値を新しいk（左辺のk）に代入する，という意味です．同じkを使っているので混同しやすいかもし

▶ステートメント
単純に「文」と表現しても構いません．本書ではステートメントのほか，命令や指示，宣言などの言葉を適宜使用します．

▶代入演算子
代入演算子については第7章参照．

▶保存する場所
具体的には，PC 上のメモリ領域のことです．

れません．以下のように名前を変えても同じ結果となります．

```
newk = k + 1
k = newk
```

　変数名の付け方は重要です．それによってプログラムが人間にとって理解しやすいものにも，理解しにくいものにもなるからです．残念ながら日本語の文字が使えないので，英語を使うかローマ字表記の日本語を使うことになります．

　変数名によってエラーを起こすケースは誰もが経験するものです．例えば，shoho, shyoho, shohou などはよく混在します．matsuo, matuo などもそうです．ローマ字には注意してください．英語のスペルの誤りもよく起きますので注意が必要です．

3.4　関数の名前と扱い方

　関数は後続の章で説明しますが，ここでは名前の付け方に焦点を当てます．自作の関数は名前を付けて使います．内蔵されている関数（第 2 章で紹介した組み込み関数など）の名前は使えません．関数は一般的に，パラメータと呼ばれる引数（変数名あるいは値）が括弧の中に含まれています．関数名の扱い方は，

▶引数
引数については第 5 章参照．

関数名 (変数名)
【例】function_name(arg_name)

あるいは,

関数名 (値)
【例】function_name(5)

▶複数のパラメータ
第 2 章でプログラミングを体感した際，自作の関数やパラメータが登場しましたが，この関数は複数のパラメータを用いていました．見返してみましょう．

のようにします．なお，パラメータは複数でも構いません．

　パラメータとして変数を入れる例は第 5 章で具体的に紹介します．パラメータに値を入れる例としては，第 2 章で紹介した ord() という関数があります．この関数は，さまざまな文字の内部コードについて，その整数表現を教えてくれます．

```
>>> ord('A') [Enter]
65
>>> ord(' 朝') [Enter]
26397
```

　つまり，A という文字の内部コードは 65，朝では 26397 と表現されま

す.

　同じく第 2 章で紹介した bin() という関数は, 内部コードをバイナリ表記（2 進数の値）で表現してくれます. このパラメータ部分に値を入力して実行します.

```
>>> bin(65) Enter
'0b1000001'
```

　最初の 0b はバイナリ表記であることを示すための記号です. 数字 65 のバイナリ表記は 1000001 であることを示しています.

3.5　プログラムにおける日本語と英語

　文字 A の内部コードの整数表現が 65 ですから, そのバイナリ表記は 1000001 で, この形でコンピュータの内部に保存されています. これは 1 バイト（8 ビット）の領域に入っています.

　では, 日本語の漢字, 朝はどうでしょうか？

```
>>> ord(' 朝') Enter
26397
>>> bin(26397) Enter
'0b110011100011101'
```

　これは 1 バイトの領域では収まらないため, 2 バイト（16 ビット）のバイナリ表記となります. つまり, 日本語は 2 バイトの領域を必要とするわけです.

　これは非常に大切なことで, 日本語処理をする場合には英語とは異なる関数, ひいてはプログラムを必要とするということです. この事情により, 英語圏で開発されるソフトウェアを日本に持ち込むためには, 日本語が扱えるように変更しなければならず, そのための開発期間として 1〜3 年の遅れが起きていました. このことが, 日本におけるソフトウェアの発展が欧米に対して遅れた理由の一つです. その結果, 日本でしか通用しないソフトウェアを開発する, あるいは欧米のソフトウェアが使えないという時代が続いてきました.

　しかし今は, 英語圏のソフトウェア開発会社もその点を考慮して, 最初から非英語圏の言語も使えるように工夫をしています. 例えば, 米国で購入した PC であっても, OS 設定を日本にすれば即座に日本語モードで動作するようになっています.

演習問題

1. 以下の株価リストから最高値と最安値を探し出し，その平均値と標準偏差を IDLE を使って求めてみましょう．

【株価リスト】

28860,28860,28855,28875,28870,28885,28870,28885,28890,28910,28900,
28910,28940,28915,28920,28905,28910,28910,28905,28905,28895,28890,
28890,28880,28905,28915,28900,28905,28900,28900,28890,28890,28885,
28895,28880,28875,28895,28895,28900,28900,28900,28900,28915,28910,
28895,28920,28935,28920,28905,28910

ただし，値 x_1 と x_2 の平均値 $\bar{x}$ と標準偏差 s は，

$$\bar{x} = \frac{1}{2}(x_1 + x_2), \quad s = \sqrt{\frac{1}{2}\{(x_1 - \bar{x})^2 + (x_2 - \bar{x})^2\}}$$

と定義されます．これを IDLE で計算するには，以下のようにします．ここでは，$x_1 = 7, x_2 = 4$ として計算しています．

▶数式の計算
四則演算の方法については第9章で紹介します．なお，標準偏差を求めるには平方根を使う必要があるため，モジュール math を import して，sqrt という平方根を求めるための機能を用いています．本書は数学書ではないため，これ以外にどのようなことができるかは皆さん自身で調べてみましょう．

```
>>> import math  Enter
>>> (7+4)/2  Enter
5.5
>>> ((7-5.5)**2+(4-5.5)**2)/2  Enter
2.25
>>> math.sqrt(2.25)  Enter
1.5
```

2. 上記の株価リスト全体を( ) もしくは [ ] で囲み，それを data という変数に代入します．組み込み関数max() および min() の括弧内に data を入れることで，最高値と最安値を求めてみましょう（この株価リストのデータは，ダウンロードページの「answer」フォルダから入手できます）．

第 **4** 章

最初のプログラム作成

何を学ぶか

　本章では，プログラミングの三大要素の一つである選択（条件分岐）を学びます．ただし，ここでの目的は，やや本格的なプログラムを作ることにあります．私たちが普段目にするソフトウェアは，ユーザーに入力を促したり，入力した命令に対応する処理を行ったりするものです．そのような機能の使い方も学びます．

この章の項目

4.1　if 文

4.2　データの入力と出力

4.3　浮動小数点数

4.4　意図しない結果を出すプログラム——乱数を使う

4.5　整数と文字列の関係

4.1　if 文

　多くのプログラムには，ある条件が真（True）であるか偽（False）であるかを判定する式が組み込まれています．このように状態や事柄を選択することを**条件分岐**と言います．また，このような真もしくは偽の値を持つデータ型を**ブール型**もしくは**ブーリアン型**と言います．

　真であるか偽であるかを判定する式は**論理式**とも呼ばれます．論理式は，変数や値，比較演算子からなり，これによりブール型の値（True もしくは False)が決まります．比較演算子とは，以下に示すように，値の大小や等しいか否かを表す記号のことです．

〈比較演算子〉

>	左は右より大きい
<	左は右より小さい
>=	左は右より大きいか等しい
<=	左は右より小さいか等しい
==	左と右は等しい
!=	左と右は等しくない

論理式の例

　実際の論理式の例を見てみましょう．

```
wakeup = time_hours > 8
```

　このステートメントの右辺にあるのが論理式で，True か False の値を持ちます．それを左辺の変数**wakeup** に代入します．このステートメント全体の意味は，右辺の論理式が正しい，つまり**time_hours** の値が 8 より大きければ**wakeup** は True，そうでなければ False になることを表します．

　論理式では以下のブール演算子も使われます．

〈ブール演算子〉

and	左と右の論理式を AND（かつ）条件で結合する
or	左と右の論理式を OR（または）条件で結合する
not	右の論理式を否定する

　ブール演算子を使った論理式の例を見てみましょう．

```
temp > 10 and temp < 20
```

　これは，**temp** の値が 10 より大きい，かつ（and），20 より小さい場合に True になることを表しています．

```
height > 160 or weight < 80
```

これは，height の値が 160 より大きい，または（or），80 より小さい場合に True となることを表します.

Python にはブール関数と呼ばれる，真/偽を判定するための組み込み関数bool() があります．ブール関数では，値として 0 以外の数が条件式に使われるときは True となり，0 の値を持つときは False となります．実際に確かめてみましょう.

```
>>> bool(1)  Enter
True
>>> bool(4)  Enter
True
>>> bool(0)  Enter
False
```

── 例題 ──

以下の値の真 / 偽を IDLE を使って試してください.

```
True and False
True or False
True and 1
1 and True
1 or True
0 or True
```

例題の最初の 3 つだけ答えを示しておきます．残りは自分で確かめてみましょう.

```
>>> bool(True and False)  Enter
False
>>> bool(True or False)  Enter
True
>>> bool(True and 1)  Enter
True
```

if 文──条件分岐

ブール型を使う重要なステートメントとして，if 文があります．if 文は選択条件で使われるもので，以下のような構造を持ちます.

```
if (expression):
  True_st_block
else:
  False_st_block
```

上記の括弧内の expression のところに論理式が入り，True_st_block あるいはFalse_st_block のところには何らかの実行すべきステートメントが入ります．インデントの幅（ブロック）も重要です．expression は，ブール型の値を持っています（例えば，先に述べたtemp > 10 and temp < 20 などの式です）．この値がもし，True であれば，

```
True_st_block
```

を実行し，False であれば，else 以下にある

```
False_st_block
```

を実行します．

▶ブロック
ブロックについては第2章
参照.

if 文は入れ子になる

　if 文は重ねて使うことができます．つまり，if と else のそれぞれのブロック内に，さらに if と else を入れることができます．これを入れ子（ネスト）と呼びます．省略形として，elif を使うことも可能です．

```
if (expression1):
  if (expression2):
    true_st_block2
  else:
    false_st_block2
else:
  if (expression3):
    true_st_block3
  else:
    false_st_block3
```

　この意味は，expression1 とexpression2 が True のときtrue_st_block2 を実行しますが，expression1 が True でexpression2 が False となるときはfalse_st_block2 を実行する，ということになります．
　一方，expression1 が False でexpression3 が True のときtrue_st_block3 を実行しますが，expression1 が False でexpression3 も False となるときはfalse_st_block3 を実行します．

4.2 データの入力と出力

　if 文の具体例を見る前に，データの入出力について説明しましょう．ほとんどのプログラムには入力と出力の機構があります．例えば，Web サーバとブラウザのやり取りは，HTML 形式でデータが入出力されるケースといえます．こうしたプログラム間でのデータのやりとりは人間の目には見えないものですが，ここでは人間の目に見える入力と出力，具体的には PC 画面で見られる，端末を使った単純なやり取りについて説明します．

input 文

　input 文は，キーボードなどの端末から PC 内にデータを手動で入力するための命令です．ただし，それらのデータはすべて文字列と見なされます．数字を入れてもそれは文字列であり，数字ではありません．つまり，クォーテーション（' '）で挟まれたデータと見なされます．そのことを確かめてみましょう．まずは，IDLE で次のように入力し実行します．

```
>>> var1 = input() [Enter]
```

　これはユーザーが何かデータをキーボードからタイプしてエンターキーを押すまで待つ，という操作です．2 行目の空行は，ユーザーの入力を待っている状態です．これ以降の操作を以下に示します．

```
>>> var1 = input() [Enter]
5 [Enter]
>>> var1 [Enter]
'5'
```

　入力した文字5 が，var1 という変数名に代入されていることが分かります．次の例を見てみましょう．

```
>>> var2 = input(' 名前を入力してください') [Enter]
名前を入力してください 45 [Enter]
>>> var2 [Enter]
'45'
```

　この例は，' 'で挟まれたメッセージをまず表示して入力を待つ操作です．他のキーを押さずにエンターキーだけを押すと，var2 に空の値が入ります．空の値とは，カッコの中が空という意味であり，' 'となります．

```
>>> input (' 入力を待っています') [Enter]
入力を待っています
```

　このステートメントでは，ユーザーがエンターキーを押すまでプログラムが待っていることになります．エンターキーを押すことが入力終了のト

▶データの型
データの型を確かめるには
第 3 章で紹介した type 関数
を使います．確かめてみまし
ょう．

リガー（信号）となり，入力した値が文字列として出力されます．なお，
入力する数字（文字列）を整数型に変換する int() という関数が用意され
ています．

```
>>> int('123')  Enter
123
```

print 文

　print 文は，文字列を PC 画面に出力する命令です．先ほど var1 と var2
に代入した値を画面出力してみましょう．

```
>>> print(var1)  Enter
5
>>> print(var2)  Enter
45
```

　ただし，整数などの数値は，この関数により文字列に変換されてから表
示されます．なお，整数型などの数値を文字列型に変換する str() という
関数も用意されています．

```
>>> str(123)  Enter
'123'
```

　print 文を使うときには，以下の特殊記号（エスケープシーケンス）を
知っておくと役に立ちます．

▶バックスラッシュ
PC 環境によっては，バック
スラッシュは円記号（¥）に
なっているかもしれません．

〈特殊記号（エスケープシーケンス）〉

```
\\   バックスラッシュ
\'   シングルクォーテーション
\"   ダブルクォーテーション
\n   改行
\t   タブ（インデント）
\r   ラインの最初に印刷位置を戻す
\a   ベルを鳴らす
```

　Python では，改行したい場所（行の最後など）には改行マークを入れ
る必要があります．以下を試してみてください．

```
>>> print('abc\tefg\nhijk\n\t100')
```

　実行すると，改行やインデントがなされていることが分かります．
　では，入力と出力を組み合わせて簡単なプログラムを作りしょう．以下
のソースコードを書き，inputoutput.py と名前を付けて IDLE を使って

実行します.

ソースコード **4.1**　inputoutput.py

```
1 var2 = input('名前を入れてください')
2 print('入力の値は',var2)
```

　これはユーザーが入力した文字列を出力する,たった2行の単純なプログラムになります.

数字の入力・出力の扱い

　input文は文字列の入力のみですが,int()と組み合わせると,数字の入力ができることはすでに説明しました.それを利用したプログラムを作りましょう.なお,このプログラムでは第2章で説明したimportという命令を使い,標準ライブラリのモジュールの一つtimeと,それにひもづけられたメソッドsleep(一定時間,処理を停止する命令)を利用します.メソッドの実体は関数そのものですが,単独では呼び出すことができず,次のように指定して使います.

> モジュール名.メソッド名 (引数)

　つまり,メソッドsleepを使うには,それがひもづけられたtimeというモジュールを呼び出す必要があるため,「time.sleep」と指定します.

ソースコード **4.2**　timer.py

```
1 import time
2 timer = input('秒単位の時間を入力してください')
3 int_timer = int(timer)
4 add_timer = int_timer+10
5 time.sleep(add_timer)
6 print('タイマーの時間に10秒を足した時間が経過しました')
```

　このように,入力した秒の文字列を数字に変換し,それに10を加えて,その秒数を待つというプログラムになります.

4.3　浮動小数点数

　浮動小数点数(浮動小数点型の数)の例を以下に挙げます.

〈浮動小数点数の例〉
```
3.14   10.   .001   1e100   3.14e-10   0e0   3.14_15_93
```

Pythonには,数字(文字列)を浮動小数点数に変換する関数float()があります.

▶モジュール time
「はじめに」で紹介した「プログラ無」でも使っています.見返してみましょう.

▶メソッド
詳しくは第9章および第14章参照.

▶引数
詳しくは第5章参照.

```
>>> float('3.141593') Enter
3.141593
```

　以下のプログラムは，まず入力した文字列を浮動小数点数に変換します．そして，それが確かに正しいデータ型であるかを確認し，入力した数字の秒数が経過するまで待つというプログラムです．その時間が過ぎたら，終わりのメッセージが出るようにします．試してみましょう．

ソースコード **4.3**　floatingpoint.py

```
1 import time
2 var1 = input('浮動小数点数を入れてください')
3 float_var1 = float(var1)
4 print(type(float_var1))
5 time.sleep(float_var1)
6 print('終わり')
```

　ここでいよいよ，if 文と論理式を使ってプログラムを作ってみます．

> 例題
>
> 　単位を変換する関数を作りましょう．最初の input 文で変換のタイプ（以下）を入力し，次の input 文で文字列（数字）を入力します．最初に入力するタイプに合わせて，次に入力する数字（浮動小数点数に変換）の単位を変換して表示するプログラムです．
>
> 【変換のタイプ】
>
> p-k　　重さ：ポンドからキログラムに変換する場合
>
> f-m　　長さ：フィートからメートルに変換する場合

　以下に解答例を示します．

ソースコード **4.4**　unit.py

```
1 wtype = input('変換のタイプは？')
2 var1 = input('数字を入力してください')
3 float_var1 = float(var1)
4 if (wtype == 'p-k'):
5   result = float_var1 * 0.45359293319936
6 if (wtype == 'f-m'):
7   result = float_var1 * 0.3048
8 print(result)
```

　コード内の論理式について説明しましょう．最初に入力される変換のタイプが p-k か f-m かによって変換の式が異なります．そこで if 文と論理式の出番です．入力値が wtype == 'p-k' を満たす（True）なら，重さの単位をポンドからキログラムに変える式に導きます．入力値が wtype ==

'f-m' を満たすなら，長さの単位をフィートからメートルに変える式に導きます．これ以外の単位についても同様に追加することができます．

4.4　意図しない結果を出すプログラム——乱数を使う

　プログラムは，意図する答えが必ず出るように作るものと思いがちですが，必ずしもそうではありません．少し話が脱線しますが，ここで乱数という概念について紹介しましょう．さいころを振ったときに出てくる数字（1〜6）が，誰も意図しないものになっていなければゲームになりません．この意図しない数字「乱数」を出すためのプログラムが Python には用意されています．乱数を出すには，まず random というモジュールを使うことを宣言しておきます．このモジュールには，疑似乱数を生成する関数が含まれており，0.0 から 1.0 の間の浮動小数点数が生成されます（1.0 は含まれません）．では，以下の例題を見ながら乱数を出してみましょう．

▶意図しない数字
もっとも，手品やいかさままではこの限りではありませんが．

例題
---
10 個の乱数を出力しましょう．

　先に解答例を示しておきます．なお，後の章の内容を先取りして，「くり返し」for 文や，range 関数などを使っていますが，今は何も考えずに打ち込んでみましょう．

ソースコード **4.5**　randomflo.py

```
1  import random
2  for k in range(10):
3      r = random.random()
4      print (r)
```

　実際にこのプログラムを実行すると，結果は以下のようになるはずです．なお，乱数の値は毎回異なるので，値が違っていても問題はありません．

▶乱数の値
逆に，全く同じだと乱数とはいえなくなってしまいますね．

```
0.15835126025733626
0.52991464476925776
0.96150469364546740.37588647695594090.67679682417391470.68665695192694720.57526292901288070.32604829545166170.67930212505966270.08034270553049183
```

次に，整数の乱数を生成してみます．そのための関数も Python には用意されています．モジュールrandom の中のメソッドrandint です．パラメータとして下限と上限（両方の数字は含まれます）を指定します．

以下は，1 から 6 までの整数を乱数として出力するプログラムです．ソースコード中のr = random.randint(1,6) の部分で上限（1）と下限（6）を指定します．今は詳細が分からなくても問題ありません．

ソースコード **4.6**　randomint.py

```
1  import random
2  for k in range(10):
3    r = random.randint(1,6)
4    print(r)
```

結果は以下のようになるはずです．

```
1
2
6
3
1
1
5
5
1
4
```

これは，さいころの目を乱数で出した場合に相当しますね．当然ながら，実行するごとにまったく異なる数字が出てきます．以下のプログラムを何度も実行して確かめてみましょう．

ソースコード **4.7**　dice.py

```
1  import random
2  value = random.randint(1,6)
3  print('さいころの目は', value)
```

4.5　整数と文字列の関係

input 文は文字列しか入力できないため，整数に変えるにはint() 使いますが，ここではプログラミングの練習のため，この関数を使わないで整数に変換して出力することにチャレンジしてみましょう．論理式を使う練習もしてみます．

整数への変換——チャレンジ1

1桁の数字のみを入力して，整数に変換することを考えます．選択の if
文を使うとすると，どのようなプログラムになるでしょうか．以下にソー
スコード例を示します．皆さんも考えてみましょう．

ソースコード **4.8** 1ketanumber.py

```
1  val = input('1桁の数字を入力します')
2  if val == '0':
3      num = 0
4  elif val == '1':
5      num = 1
6  elif val == '2':
7      num = 2
8  elif val == '3':
9      num = 3
10 elif val == '4':
11     num = 4
12 elif val == '5':
13     num = 5
14 elif val == '6':
15     num = 6
16 elif val == '7':
17     num = 7
18 elif val == '8':
19     num = 8
20 elif val == '9':
21     num = 9
22 print(num)
```

IDLE を使って結果を確かめてみましょう．

```
>>> type(val)  Enter
<class 'str'>
>>> type(num)  Enter
<class 'int'>
```

実は，このプログラムは完全ではありません．例えば，間違えて2桁
の数字が入力されたらどうなるでしょうか？ また，入力する値が数字で
はなく，ABCであったらどうなるでしょう？ プログラミングでは，あ
らゆることを想定しなければすぐにエラーが生じます．次章以降では，こ
のことも念頭に置いて学習していきます．

整数への変換——チャレンジ2

第3章で少し説明した関数ord() を使う方法も考えられます．つまり，
整数の内部コードを ord() を使って調べ，その結果の数値を利用して数値
を割り出します．実は，ord('0') は48，ord('1') は49，...ord('9')
は57 というように，数字の内部コードは連続した数になっています．し

たがって，それぞれの内部コードから 48 を引けば，数（整数）が割り出せるというわけです．

ソースコード 4.9　1ketanumberord.py

```
1  val = input('1桁の数字を入力します')
2  n = ord(val)
3  num = n - 48
4  print('整数は',num)
```

　このように，いろいろな知識を持っておくと，問題解決のためのアイデアが浮かぶものです．これ以外の方法がないか，皆さんも調べてみましょう．

演習問題

1. 以下のテーマに沿ったプログラムを作成しましょう.

【テーマ】
カフェでコーヒーの注文を受けるシステムを作ります. コーヒーの種類と
待ち時間は以下のとおりです.

 1. レギュラー（1分）
 2. カプチーノ（2分）
 3. エスプレッソ（2分）
 4. ラテ（3分）
 5. アイリッシュ（3分）

来店したお客様は, 自分の名前（XX）と注文の種類（YY）と数（ZZ）を
入力します. 種類と数によって待ち時間を計算（WW）します. もしも,
カフェにないものが入力されたときは,「残念ながらそれは扱っていませ
ん.」というメッセージを出します. 入力に問題がなければ, 以下のメッ
セージを出します.

 Python カフェにようこそ！
 XX 様, ご注文ありがとうございます.
 注文内容は YY, 個数は ZZ ですね.
 WW 分, お待ちください.

2. 以下に挙げる医師の問診項目と診断内容に沿った診断プログラムを作
 成しましょう.

【問診項目】
（体温は 37 度以上？ 　 症状がある？ ＜体がだるい / 頭が痛い / 鼻が出
るなど＞ 　 血圧は 130 以上？ 　 脈拍は 100 以上？）

【診断内容】
体温が 37 度未満なら, 何か症状があっても心配なし. 38 度未満で, 何か
の症状がなければ心配なしだが, 症状がある（頭が痛い, 鼻が出るなど）
なら, 花粉症. 血圧が 130 以上あれば, 他の症状とは無関係に血圧降下
の薬を処方. 脈拍が 100 以上あれば, 他の症状とは無関係に心臓の検査.
体温が 38 度以上でも, 何か症状がなければ心配なしだが, 症状が（体が
だるいなど）があるなら風邪薬を処方, さらに脈拍が 100 以上なら, イ
ンフルエンザの疑いがあるので, 専用の薬を処方.

▶診断内容
実際の診断とは無関係です.

第**5**章

くり返しの基本

何を学ぶか

　プログラミングの三大要素の一つであるくり返し（反復）は，プログラムの中で最もよく使われる構造といえます．くり返しを行うには，用途によって while 文もしくは for 文を使います．これらが使えるようになると，プログラミングの幅が一気に広がります．本章では，その幅をさらに広げる，関数とファイルの読み書きも学びます．

この章の項目

5.1　while 文

5.2　for 文

5.3　関数を定義する――def 文

5.4　ファイルを使ったデータ処理

5.1　while 文

▶括弧とコロン
括弧はなくても構いません.
コロン (:) の付け忘れに注
意しましょう.

while 文は, 以下のような構造を持ちます.

```
while (expression):
    loop_block
```

while 文では, くり返す部分(ここでは loop_block)をインデントします. 論理式(expression)が True(真)の間は loop_block がくり返され, False になるとくり返しの外に出ます. 以下の例題を見てみましょう.

> **例題**
>
> 入力の値が 1 から 10 までの整数であるかどうかの判定に while 文を使うプログラムを作りましょう. ただし, 正しくない値が入力されている間はそのことを告げ, 再度入力を促します. 正しい値が入力されたら感謝のメッセージを出します.

以下に, 解答例を示します.

ソースコード **5.1**　while.py

```
1  str_number = input('1から10までの整数のどれかを入力してください')
2  sel_number = int(str_number)
3  while (sel_number < 1 or sel_number > 10):
4    print('入力した数字に誤りがあります')
5    str_number = input('再度,入力してください')
6    sel_number = int(str_number)
7  print('ありがとう.正しい数字です:',sel_number)
```

ただし, このプログラムは, sel_number に関する論理式が True, つまり 1 から 10 までの整数が入力されない間はプログラムがくり返されます. そのような状況は想定していないからです. この例のように, あらゆる入力を想定するのが実用的なプログラム作りにとって必須です.

例外処理——try-except 文

▶**try-except 文**
try-except 文については第 13
章でも扱います.

上の例題は, 次の try-except 文を用いて書き直すことができます. この処理を例外処理といいます.

```
try:
    statement_block1
except ValueError:
    statement_block2
```

　この try-except 文 で は, 最 初 の ス テ ー ト メ ン ト statement_block1 が正しく実行される場合はよいのですが, 正しく実行されずエラー (ValueError) が生じた場合に, 例外処理としてそれ以降のステートメント (statement_block2) を実行します.

　例えば, 整数が入力されているかどうかを判定し続ける文は次のように書けます.

ソースコード **5.2**　tryexcept.py

```
1 while (True):
2   try:
3     str_number = input('整数を入力してください')
4     sel_number = int(str_number)
5     sel_number == str_number
6     break
7   except ValueError:
8     print('正しくありません.再度,整数を入力してください')
9 print('ありがとう.正しい数字です:',sel_number)
```

　なお, このプログラムでは, くり返しの途中で外に出る方法として break 文を使っています. break 文はくり返しのループの外に強制的に出すための命令です. 試しに, break 文をなくしてプログラムを動かすとプログラムが延々と続くはずです. このように, くり返しのあるプログラムには制限を付けるのが安全です.

　ところがこのプロラムは, まだ最初に指摘した問題がクリアできていません. 整数ではない値を入力し続けると例外処理が延々と続くのです. そこで, 3 回くり返せばプログラムがストップするように変更してみます.

▶**int 関数**
int 関数については第 4 章参照.
▶**break 文**
break 文については第 7 章で詳しく解説します.

ソースコード **5.3**　tryexcept2.py

```
1 count = 0
2 while (count < 4):
3   try:
4     str_number = input('整数を入力してください')
5     sel_number = int(str_number)
6     sel_number == str_number
7     break
8   except ValueError:
9     print('正しくありません.再度,整数を入力してください')
10    count = count + 1
11 print('ありがとう.チェックを終了します')
```

　このプログラムでは, 最初にcount = 0 の状態から始まりますが, while 文がくり返されるたびに,

　count = count + 1

の文によりcount の値が 1 ずつ増えます. このくり返しは, while 文の論理式count < 4 が True の間だけ続きます. 次に, continue 文を使ってみ

▶continue 文
continue 文については第 7
章で詳しく解説します.

ます. これは, 条件に合った場合に何もせず, くり返しのループに戻るための命令です.

ソースコード **5.4**　continue.py

```
1  while (True):
2    str_number = input('整数を入力してください')
3    sel_number = int(str_number)
4    if sel_number == 5:
5      print('5は嫌いです.違う整数を入力してください')
6      continue
7    print('ありがとう.この数字は整数です：',sel_number)
8    break
```

　このプログラムでは, 整数として 5 が選ばれ続けると, if 文がくり返されます. 前に紹介したように, 安全なプログラミングスタイルでは, while 文の中の論理式は True としてくり返すのではなく, 常に, カウンターを使って制限を設けるようにしてください. また, 整数以外が入力されることを考えると, try-except 文を使うのが無難でしょう.

5.2　for 文

▶for 文の用途と注意
くり返しの数が分かっている
ときには, このステートメン
トが便利です. while 文と同
様に, for 文もコロン (:) の
付け忘れに注意しましょう.

　for 文は, 以下のような構造を持ちます. while 文と同様, くり返す部分（以下では`loop_block`）をインデントします.

```
for var1 in var2:
    loop_block
```

　`var2` は何らかのデータの集まりであり, `var1` はそのデータ一つひとつを指します. for 文では, くり返しの間, この集められたデータ一つひとつに対して`loop_block`を実行します.

　データの集まりの具体例として, 都市の名前を考えてみます.

```
cities = (' 大阪',' 東京',' 京都')
```

　これはタプルというデータ型の一つです. タプルについては第 12 章で詳細を説明しますので, ここではデータの一つひとつがクォーテーションで挟まれていて, 各値がカンマで区切られているもの, くらいに考えてください. 次の for 文を使ったプログラムを見てみましょう.

ソースコード **5.5**　for.py

```
1  cities = ('大阪','東京','京都')
2  for cityname in cities:
3    print(cityname)
```

　このプログラムでは, タプルの値である' 大阪' と' 東京' と' 京都' を順番に取り出して, `cityname` に代入する, という操作をくり返していま

す．そして，くり返しのたびに，その値を表示します．この結果は，大阪，東京，京都という順番で表示されるはずです．試してみましょう．

range 関数

　range() という関数と組み合わせると，次のようなプログラムを作ることができます．range() は整数列を作る関数です．例えば range(5) とすると，「0, 1, 2, 3, 4」という，0 から 5 つ目までの整数を並べた列を作ります．つまり，range(n) ならば，0 から $n-1$ までの n 個の要素を持つ整数列ができます．必ず 0 から数えることに注意しましょう．

　range 関数は，for 文の中で次のように使います．

```
for var1 in range(n):
    loop_block
```

　こうすると，loop_block を n 回くり返すプログラムになります．くり返す回数が決まっているプログラムを作るときは，for 文とともに range 関数を使うのがよいでしょう．

　さて，第 3 章で簡単に紹介した文字列のインデックス化を for 文の中で使ってみます．文字列のインデックス化の詳細は第 9 章で説明します．

ソースコード **5.6**　for2.py

```
1 str_sample = '今日はいい天気になりましたね'
2 for i in range(10):
3    print(str_sample[i])
```

　要は，str_sample[i] と括弧[ ] を付けると，文字列（str_sample = '今日はいい天気になりましたね'）の一つひとつの**要素の位置（番地）**を指定できるようになります．これを**インデックス化**といいます．このプログラムでは，文字列の最初の文字「今」から順番に番号を振ってインデックス化し（「今」は 0 番目），10 番目の文字「り」までを順に出力します．

```
今
日
は
い
い
天
気
に
な
り
```

このプログラムでは range(10) としているので，10 文字目まで出力してストップします．なお，while 文と同様，break 文と continue 文を併用することもできます．試しに，break 文を使うほうを確かめましょう．

ソースコード **5.7**　forbreak.py

```
1 str_sample = '今日はいい天気になりましたね'
2 for i in range(10):
3   if i == 10:
4     break
5   print (str_sample[i])
```

同じ結果になりましたか？

5.3　関数を定義する——def 文

くり返しを覚えるとプログラミングの幅がぐんと広がります．次の章では，より進んだプログラムを紹介しますが，そのために必要な基礎をもう少し身に付けましょう．

その一つが関数です．関数については第 2 章で簡単に紹介しました．何回も使いたいコードは関数として定義しておくとコードの節約になります．

def 文

関数を定義するには def 文を使います．例えば，ある文字列の最初（頭）の文字だけを表示する関数を作ってみましょう．ちょうど文字列のインデックス化について触れたので，その知識を使ってみます．

ソースコード **5.8**　mojiretu.py

```
1 def str_top(mojiretu):
2   print(mojiretu[0])
```

ここで，str_top は新たに定義する関数の名前です．mojiretu は，第 3 章で紹介したパラメータあるいは引数であり，何らかの値（この例では文字列）が入りますが，関数を定義する段階では，適当な変数を指定しておきます．mojiretu[0] というのは，その文字列の最初の文字（0 番目）を抜き出すことを意味します．つまり，str_top() は，ある文字列の最初の文字を出力（print()）する関数です．

例えば，引数として具体的な値「松尾正信」を選び，この関数を使うと，最初の文字「松」だけが表示されるはずです．実際に，IDLE を使ってこのプログラムを実行した上で，次のように入力してみましょう．

▶自作した関数の使用
自分で定義した自作の関数を使用するには，定義が書かれたプログラム（ソースコードあるいはモジュール）を実行するか，import を使って呼び出します．

```
>>> str_top('松尾正信')  Enter
松
```

以下は，def 文の一般的な構造です．

```
def function_name(parameters):
    statement_block
```

def のあとは空白を一つ入れて，関数名（ここではfunction_name）を入れます．また，先に説明したとおり，引数を括弧の中で指定します（ここではparameters）．関数は，この引数を具体的に指定して利用します．

ただし，引数は一つだけとは限りません．関数にいくつかのデータを与えたいときには，それらの値を入れるための引数をパラメータとして複数指定します．パラメータ間はカンマで区切ります．以下は，2つのパラメータを使った例です．

ソースコード **5.9**　mojiretu2.py

```
1 def str_top(mojiretu,length):
2   print (mojiretu[0:length])
```

実際に，このプログラムを IDLE を使って動かしてみましょう．パラメータ部分は(' 松尾正信',2) としてみます．

```
>>> str_top(' 松尾正信',2) [Enter]
松尾
```

パラメータの順序は，自分で指定することができます．ソースコード5.9 およびその実行例では，以下にようにしても同じ結果になります．

```
str_top(mojiretu = ' 松尾正信',length = 2)
str_top(length = 2,mojiretu = ' 松尾正信')
```

このように，デフォルトの長さをあらかじめ指定しておくこともできます．以下の例は，パラメータの一つをあらかじめ指定しています．

ソースコード **5.10**　mojiretu3.py

```
1 def str_top(mojiretu,length = 3):
2   print (mojiretu[0:length])
```

このプログラムを IDLE を使って動かしてみましょう．

```
>>> str_top(' 松尾正信') [Enter]
松尾正
```

つまり，ここでは関数str_top を使う際に長さの指定を省略していますが，あらかじめ 3 を指定しているため，結果は「松尾正」となります．

5.4　ファイルを使ったデータ処理

プログラムが生成するデータを保存したり，保存されているデータを読

▶ファイルの読み書き
ファイルの読み書きについては第 13 章でも詳しく扱います．特に，IDLE を使った処理を知りたい場合は，先に第 13 章を参照してください．

▶オブジェクト
オブジェクトについては第 14 章参照．

▶ファイルの場所
ディレクトリの区切りは 2 つ重ねる必要があります．パスを含めた指定については，第 13 章で詳しく扱います．

▶メソッド
メソッドについては第 4 章や第 14 章参照．

▶テキストファイル
ソースコードの中の file.txt というテキストファイルは，最初から用意しておく必要はありません．用意してあっても上書きされてしまいます．確認してみましょう．

み込んだりするためのステートメントがあります．プログラミングの幅を広げるのにこの読み書きのステートメントは欠かせません．

ファイルへの書き込み

　まずは，データの書き込みについて説明します．プログラム処理の結果として得られるデータは，テキストファイル（ファイルオブジェクト）に記録することができます．file.txt というファイルに書き込むには，まず下記のようにこのファイルを開くところから始めます（以下の write_file は変数名です）．

```
write_file = open('file.txt','w')
```

　第 3 章で見たように，これは代入のステートメントです．open() は組み込み関数の一つで，ファイルを開く指示であり，open() を使って得られる値が write_file に代入される形になっています．このように，関数を使って得られる値は戻り値や返り値などと呼ばれます．あとで示すように，ファイルを使ったら最後に close() を使ってファイルを閉じる必要があります．

　このファイルが存在する場所がカレントディレクトリ（第 2 章参照）になければ，ファイルが存在するパスも含めた情報として指定します．例えば，テキストファイルがカレントディレクトリ中の work フォルダにあるときは，\\work\\file.txt と指定します．

　'w' は書き込みのファイルモードであることを意味します（読み込みの場合は 'r' です）．このモードでは，すでに存在するデータは削除されて上書きされます．

　ファイルを開くことができたら，データの書き込みができます．書き込みにはメソッド write を使います．以下のコードを試してみましょう．

ソースコード **5.11**　filewrite.py

```
1 write_file = open('file.txt','w')
2 write_file.write('最初の行です\n')
3 write_file.write('2番目の行です\n')
4 write_file.write('3番目の行です\n')
5 write_file.write('4番目の行です\n')
6 write_file.write('5番目の行です\n')
7 write_file.close()
```

　最後にファイルを閉じることに注意しましょう．

　各行のメッセージの最後に \n を追加していますが，これは改行するための特殊記号（改行マーク）です（第 4 章参照）．これがないと，それぞれの出力結果が改行されずに書き込まれてしまいます．print() は自動的に改行マークを追加しますが，メソッド write を使った書き込みでは改

行されないのです．覚えておきましょう．

　close() の目的は，データをすべて書き終わったこと，そして，他の
ユーザーがそのファイルを利用できる状態になったことを示します．ファ
イルが閉じられるまでは，他のユーザからのアクセスがロックされます．

　なお，ファイルモードを'a' にすると，書き込むためのファイルがすで
に存在していれば上書きせずにファイル中にデータが追加され，ファイル
がないときは新しく作られます．確かめてみましょう．

ファイルからの読み込み

　次は，データの読み込みについて説明します．読み込みにも，open()
を使います（以下のread_file は変数名です．'r' は読み込みを意味し
ます）．

```
read_file = open('file.txt','r')
```

　これに，for 文のループ（くり返し）を用いれば，各行のデータを読み
込むことができます．以下は読み込んだものをprint() で出力する例で
す．

```
for ln in read_file:
  print(ln)
```

このループは最後の行が読み込まれたときに終わります．そこで，

```
read_file.close()
```

を付けておきます．

　では，書き込みの説明の際に使ったfile.txt からデータを読み込むた
めのソースコードを以下に記します．

ソースコード **5.12**　readfile.py

```
1 read_file = open('file.txt','r')
2 for ln in read_file:
3   ln = ln.strip()
4   print(ln)
5 read_file.close()
```

　このコードをよく見ると，ln = ln.strip() という行があります．試
しに，この行を入れないでプログラムを実行すると，各行の出力のあとに
空の行が追加されているはずです．print 文が，各行に自動で改行マーク
を付けるため，改行が重複しているのです．

　そこで，ファイル中の各行最後の改行マークを取り除くために，メソッ
ドstrip を使います．これは前後にある見えない空白 / タブ / 改行コード
を取り除くためのものです．ちなみに，前のみの削除にはlstrip()，後

ろのみの削除にはrstrip() を使います．

　ファイル中のデータを明示的に読み込むためのread() という命令（メソッド）もあります．以下は，メソッドread を使ってソースコード 5.12（p.61）と同じ結果になるプログラムです．

ソースコード **5.13**　readfile2.py

```
1 read_file = open('file.txt','r')
2 alldata = read_file.read()
3 print(alldata)
4 read_file.close()
```

　メソッドread は，ファイル中のすべてのデータを一度に読み込むための命令です．この他にメソッドreadlines というものもあります．これもファイル中のすべてのデータを読み込みますが，read() がデータを文字列として読み込むのに対して，readlines() はリストとして読み込みます（リストというデータ型については第 10 章で紹介します）．上記のソースコード 5.13 の 2 行目をalldata = read_file.readlines() に変えて実行すると，

[' 最初の行です\n'，'2 番目の行です\n'，'3 番目の行です\n'，'4 番目の行です\n'，'5 番目の行です\n']

というリストの形で出力されます．

▶readline() の例
readline() の使用例は，ソースコード 7.6 にあります．

　さらに，readline() というメソッドもあります．これはファイル中の 1 行分だけを読み込む命令です．ソースコード 5.13 の 2 行目中にあるread() をreadline() に変えて実行すると，最初の行だけが出力されるはずです．ファイル中のデータを 1 行ずつ読み込んで処理したい場合は，この命令を使うとよいでしょう．

例題

先ほど作ったソースコード 5.12（p.61）を使い，各行に次の文字列が書かれたファイルnamae.txt を読み込んで出力するプログラムを作りましょう．

　　yamada

　　matsuo

　　tanaka

また，for 文を使って同じ結果が得られるプログラムも作りましょう．

for 文を使うプログラムの例を以下に示します．

ソースコード **5.14**　read.py

```
1  read_file = open('namae.txt','r')
2  for ln in read_file:
3    ln = ln.strip()
4    print(ln)
5  read_file.close()
```

演習問題

　　以下のテーマに沿ったプログラムの論理構造を文章にしてみましょう.

【テーマ】

　　株価の自動売買システムを作ります. 株の取引は, 日中の朝 9 時から午後 3 時 15 分まで続きます. 取引の間は, 株価の数字（整数）の入った「株価情報ファイル」が 1 分間隔で更新されていきます. このシステムでは, 以下のような手順で買い注文と売り注文を入れるものとします.

【買い/売り注文の手順】

1.「株価情報ファイル」が更新されるたびに株価データを入手.

2. 株価データを「株価履歴ファイル」に日時とともに書き込む.

3. 朝 9 時に買い注文を入れ,

　(a) もしも, 価格が 100 上がれば, そこで売り（決済）: 益出し

　(b) もしも, 価格が 100 下がれば, そこで売り（決済）: 損きり

　(c) 上下の変動が閾値（100）に達しなければ, 午後 3 時 15 分で決済して終わり.

4. 最後に損益を計算して,「決済ファイル」に損益と決済日時を書き込む.

第6章

最初の小さな
プロジェクト

何を学ぶか

Python は，数学で習う図形の作図や文章作成に関わる作業など，実用的なツールとして大いに活用できます．その一方で，ゲームのように画面上で何かを動かしたり，音楽を奏でたりするプログラムを簡単に作ることができます．本章では，そんなPython の可能性の大きさを知るためのプロジェクトに取り組みましょう．

この章の項目

6.1 図形を描くプロジェクト

6.2 図形と音楽を連動させるプロジェクト

6.3 数学の簡単なプロジェクト

6.4 言葉・文章にまつわるプロジェクト

6.5 グループプロジェクトのルール

　本章では，Python でできるさまざまなことを「プロジェクト」という形で紹介していきます．まずはソースコードに書いてあるとおりに動かしてみることから始めてみましょう．

　なお，各ソースコードは見やすいように行間を空けたり，適宜コメントを付けたりしています．他の章では紙幅の関係で最小限のコードをコンパクトに書いているのみですが，実際はこの章に書かれているように，だれが見ても読みやすく理解しやすいように書くことが重要です．

▶コメント
コメントの入れ方は第2章
参照．

6.1　図形を描くプロジェクト

　動きのあるプログラムを作るときによく使われる，turtle と呼ばれる標準ライブラリのモジュールがあります．矢印が亀の形に似ているのでこの名前が付いています．ここでは turtle を使って描画ができるプログラムを作ってみましょう．まず，import を使って turtle を呼び込みます．続いて，以下のようにコードを作り，実行してみましょう．

ソースコード **6.1**　kame.py

```
 1  import turtle
 2
 3  kame = turtle.Turtle()
 4  print(kame)
 5
 6  kame.fd(50)  #前に50ポイント進む
 7  kame.rt(90)  #右に90度回る
 8  kame.fd(50)  #前に50ポイント進む
 9  kame.rt(90)  #右に90度回る
10  kame.fd(50)  #前に50ポイント進む
11  kame.rt(90)  #右に90度回る
12  kame.fd(50)  #前に50ポイント進む
13
14  turtle.mainloop()
```

　実行例を以下に示します．できましたか？

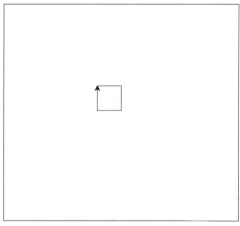

　ソースコード 6.1 の 3 行目にある，

```
kame = turtle.Turtle()
```

は，動く主体となる亀の部分の定義であり，"おまじない"と思ってください．kame は第 3 章で学習した変数です．代入のステートメントにより，亀の位置がkame に代入されています．この亀の位置を動かしながら描画する，というのがこのプログラムの内容です．

　コード中のkame.fd() とkame.rt() は，kame にメソッドfd あるいはrt を作用させて亀を動かす命令です．fd() は前進の命令，rt() は右回転の命令となります．括弧の中のパラメータ（引数）で，どれくらい動かすかを指定します．このように，一つひとつの行を読み解いていくと，そのプログラムが何をしているかが理解できます．逆に，第 1 章で述べたとおり，プログラムで何を実現したいかを論理的に積み上げていく作業がプログラミングであるといえます．

　なお，このプログラムは，第 5 章で学習したくり返しを使って書くと，次のような簡潔なプログラムになります．まずは，どのように書き換えているか，ソースコード 6.1 と見比べてみましょう．

ソースコード 6.2　kameloop.py

```
1  import turtle
2
3  kame = turtle.Turtle()
4  print(kame)
5
6  for k in range(4):
7    kame.fd(50)
8    kame.rt(90)
9
10 turtle.mainloop()
```

　ソースコード 6.2 の for 文の中身を詳しく見てみると，以下の操作を 4 回くり返していることが分かるはずです．

```
kame.fd(50)：50 ポイント前進
kame.rt(90)：90 度時計回りに回る
```

これで，このプログラムはより簡潔なものになりました．

　今度は，多角形を描くプログラムを作ってみましょう．そのために，まずは次のような関数を作ることにします：

　　1. 多角形の各辺の長さ，辺の数が自由に指定できるよう，これらの値をパラメータにしておく．
　　2. 描画作成をする部分のコードを関数のコードとは別にしておく．
多角形の各辺の長さと辺の数は，次の変数で決めることにします．

▶パラメータの指定
第 2 章のソースコード 2.2 で見たように，関数にパラメータを設定しておけば，その値を変えることで結果が変えられるようになります．

nagasa：辺の長さ　　kazu：辺の数

こうしておけば，例えば，辺の長さが 50，辺の数が 10 の多角形（つまり，10 角形）を作りたければ，プログラムを動かすときに次のように指定すればよいことになります．

```
nagasa = 50
kaku = 10
```

仮に，関数の名前を takakkei() とすれば，takakkei(kame,50,10) などと指定すればこの 10 角形ができるはずです．この方針で作ったのが，以下のコードです．実行結果とともに，コードの内容を確かめてみましょう．

ソースコード 6.3　takakkei.py

```
 1  import turtle
 2
 3  #関数のコード
 4  def takakkei(kame,nagasa,kaku):
 5    angle = 360 / kaku
 6    for k in range(kaku):
 7      kame.fd(nagasa)
 8      kame.rt(angle)
 9
10  #描画作成のコード
11  kame = turtle.Turtle()
12  print(kame)
13  takakkei(kame,50,10)
14  turtle.mainloop()
```

6.2　図形と音楽を連動させるプロジェクト

　次は，音楽を鳴らしながら画面上でハートの画像が動き回るプログラムを作ってみます．そのために，ここでは外部ライブラリから，ゲーム作成用のモジュールpygame を PC に取り込みます．取り込みには，下記のようにコマンドプロンプトでpip コマンドを使います（カレントディレクトリはどこでも構いません）．

```
C:\Users\matsu\>python -m pip install pygame  Enter
```

「Successfully installed pygame-*.*.*」というメッセージが出ればインストールは成功です（「*.*.*」の部分にはバージョンの数字が入ります）．
　その上で，以下のソースコードを作ります．冒頭で，いま取り込んだpygame と標準ライブラリの sys を import で読み込みます．また，pygame から音声制御用のメソッドmixer を読み込む宣言も入れておきます．このようにfrom と import を併用すると，from で指定するモジュールから一部のメソッドだけを呼び込むことができます（pygame を読み込んでいる

▶このプロジェクト
この「図形と音楽を連動させるプロジェクト」はやや難易度が高いため，最初は飛ばすか，ソースコードを動かすだけでも構いません．

▶外部ライブラリ
PyPI（Python Package Index）で検索すると，このようなモジュールをたくさん見つけることができます．第 2 章も参照のこと．

▶インストール不可の場合
もしも pip コマンドが機能しない場合，原因は Python をダウンロードする際に「Add Python *.* to PATH」のチェックボックスにチェックを入れていなかったことにあるかもしれません．第 2 章を見返してみましょう．

時点でmixer も読み込まれていますが，練習のため付けています).

▶**from** と **import**
詳しくは第 14 章参照.

ソースコード **6.4**　pgm.py

```
1  import sys, pygame
2  from pygame import mixer
3
4  #pygame と mixer の初期化
5  pygame.init()
6  pygame.mixer.init()
7
8  #音楽サンプルのロード(wav 形式の音楽を用意しておきます)
9  pygame.mixer.music.load('music1.wav')
10
11 #音楽サンプルの演奏
12 pygame.mixer.music.play(10)
13
14 #画面サイズ・動きの速度・色の設定
15 size = width, height = 500, 500
16 speed = [1, 1]
17 black = 0, 0, 0
18
19 #画面を設定
20 screen = pygame.display.set_mode(size)
21
22 #ハート画像のロード
23 ht = pygame.image.load('happy.gif')
24 heart = ht.get_rect()
25
26 while 1:
27   for h in pygame.event.get():
28     if h.type == pygame.QUIT:
29       pygame.mixer.music.fadeout(2000)
30       sys.exit()
31
32   heart = heart.move(speed)
33
34   #ハート画像が画面の左右の枠に達したら方向を変える
35   if heart.left < 0 or heart.right > width:
36     speed[0] = -speed[0]
37   #ハート画像が画面の上下の枠に達したら方向を変える
38   if heart.top < 0 or heart.bottom > height:
39     speed[1] = -speed[1]
40
41   screen.fill(black)
42   screen.blit(ht, heart)
43   pygame.display.flip()
44
45   # 10秒間の間隔を置く
46   pygame.time.delay(10)
```

なお，画像ファイル「happy.gif」はダウンロードページのものを使い，音楽ファイル「music1.wav」は皆さんがお持ちの wav 形式の音楽ファイルを使いましょう．どちらのファイルも，このプログラムと同じフォ

▶音楽ファイルの名前
音楽ファイルのファイル名をコード内のファイル名に揃えるのを忘れないようにしましょう.

ルダに入れておく必要があります．

6.3　数学の簡単なプロジェクト

標準ライブラリの中には，数学で役立つmathというモジュールがあり，

```
import math
```

▶数学で用いられる概念
第3章の演習問題で平方根
の計算をしています．確かめ
てみましょう．

で読み込んで使います．mathを読み込むと，数学で用いられる概念や関数，定数などを使うことができます．例えば，円周率 π（= 3.14159…）はmath.piと指定すれば使えるようになります．

ここでは，mathを読み込んで円を描いてみましょう．ただし，円を描くための関数en()を自作してみます．その際，6.1節で導入したturtleを使うとともに，すでに作成済みの関数takakkei()も利用します．

ソースコード **6.5**　en.py

```
1  import turtle
2  import math
3
4  def takakkei(kame,nagasa,kaku):
5    angle = 360/kaku
6    for k in range(kaku):
7      kame.fd(nagasa)
8      kame.rt(angle)
9
10 def en(kame,r):
11   ensyu = 2 * math.pi * r
12   n = 100
13   nagasa = ensyu / n
14   takakkei(kame,nagasa,n)
15
16 kame = turtle.Turtle()
17 en(kame,50)
18 turtle.mainloop()
```

実はこのプログラムは，100角形という多角形を描くことで円に見える図形を描いています．コードの中身を読み解いてみましょう．

6.4　言葉・文章にまつわるプロジェクト

日々使う言葉や文章に関するプロジェクトを考えてみます．

例題

文（文章）の入っているファイルの中から，カタカナとひらがなを見つけて抽出するプログラムを考えましょう．

解答に行く前に，プログラムの流れを追ってみましょう．

1. カタカナリストを作成（リスト中の文字列と一致すれば抽出）.

2. ひらがなリストを作成（リスト中の文字列と一致すれば抽出）.

3. ファイルから読み込んだ文字列の文字コードを UTF-8 に変換.

4. 調べたい文の入ったファイルを開く（open()）.

5. 使用する変数の導入（word など）.

6.【くり返し構造】（以下）の適用：

  (a) 読み込んだ文字列から文字を順番に取り出す.

  (b) 文字がカタカナのリストの中にあれば word に追加.

  (c) なければ word の内容を表示. word を空に設定.

7. ひらがなについても【くり返し構造】を適用.

以下に解答例を示します.

ソースコード 6.6　kanahen1.py

```
1  #カタカナとひらがな,それぞれを全部使って文字列を作成し代入.
2  #最初にuを付けて,Unicode形式であることを宣言.
3  katakana = u'ーァアィイゥウェエォオカガキギクグケゲコゴサザシジスズセゼ
        ソゾタダチヂッツヅテデトドナニヌネノハバパヒビピフブプヘベペホボポマ
        ミムメモャヤユユョヨラリルレロヮワヰエヲンヴヵヶヽ゛'
4
5  hiragana = u'ぁあぃいぅうぇえぉおかがきぎくぐけげこごさざしじすずせぜそ
        ぞただちぢっつづてでとどなにぬねのはばぱひびぴふぶぷへべぺほぼぽまみ
        むめもゃやゅゆょよらりるれろゎわゐゑをんづかけゝ゛'
6
7  file = open('1.txt') #ファイルを開く
8  word = '' #変数(word)を空に設定
9  mm = file.read() #ファイルの中味を全部読み込んでmmに代入
10
11 #文字がカタカナであるかどうかの判定
12 for m in mm:
13   if m in katakana:
14     word = word + m #カタカナであればwordに付加
15   else:
16     print(word) #カタカナでなければwordを出力し,空に設定
17     word=''
18 file.close()
19
20 #以下は,文字がひらがなであるかの判定,および文字列の抽出
21 file = open('1.txt')
22 mm = file.read()
23 for m in mm:
24   if m in hiragana:
25     word = word + m
26   else:
27     print(word)
28     word = ''
29 file.close()
```

  なお，読み込むファイル「1.txt」は皆さんが自分で用意したもので
も，ダウンロードページのものでも結構です．ソースコードと同じフォ

ルダに入れることに注意しましょう.

　ここで，最初に作ったプログラムの流れを見返し，どのようにプログラムの中に反映しているか確認しましょう．筋道の通った論理構造が組み立てられれば，正しく動くプログラムが作れるようになります.

　次の例題にもチャレンジしてみましょう.

例題

以下の文字列を「2.txt」という名前で保存します．ソースコード6.6を改変し，「2.txt」内の文字列を読み込んで，カタカナとひらがな以外の言葉を見つけて抽出するプログラムを作りましょう.

【文字列】
株価の自動売買プログラムを作ってみましょう．1分間隔で，株価情報ファイルが更新されるため，そのファイルから株価情報を入手します.

【ヒント】
「カタカナとひらがな以外の言葉」を見つける論理式は，
if not (m in hiragana or m in katakana):
としてみましょう.

以下に解答例を示します.

ソースコード **6.7**　kanahen2.py

```
 1 katakana= u'ーァアィイゥウェエォオカガキギクグケゲコゴサザシジスズセゼソ
     ゾタダチヂッツヅテデトドナニヌネノハバパヒビピフブプヘベペホボポマミ
     ムメモャヤュユョヨラリルレロヮワヰヱヲンヴヵヶヽヾ'
 2
 3 hiragana = u'ぁあぃいぅうぇえぉおかがきぎくぐけげこごさざしじすずせぜそ
     ぞただちぢっつづてでとどなにぬねのはばぱひびぴふぶぷへべぺほぼぽまみ
     むめもゃやゅゆょよらりるれろゎわゐゑをんゔゕゖヽヾ'
 4
 5 file = open('2.txt')
 6 word = ''
 7 mm = file.read()
 8
 9 for m in mm:
10   if not (m in hiragana or m in katakana):
11     word = word + m
12   else:
13     print(word)
14     word = ''
15 file.close()
```

6.5　グループプロジェクトのルール

　プログラム開発は通常，複数の人によるグループプロジェクトです．そのためプログラムの開発に携わる者および開発依頼者は，開発チームのメンバーに理解できるソースコードを設計・作成することが大切です．その前提となる基本的ルールとプログラムの基本構造について知っておきましょう．

〈プログラム開発の基本的ルール〉
1. プログラム開発における仕様書の保存場所を共有
2. 各開発者のプログラムの保存場所を共有
3. 共通モジュールの保存場所を共有

　保存場所としては，具体的なディレクト（フォルダ）を指定することになります．当然ながら，その管理の取り決めも重要となります．
　以下は，グループでプログラムを作る際の基本構造についてまとめたものです．

〈プログラムの基本構造〉
1. プログラム名の付け方
2. 変数名の付け方
3. 関数の定義の仕方
4. パラメータ名の付け方と指定の仕方
5. エラー処理の仕方
6. データ型の使い方
7. コメントの入れ方
8. バージョン管理（Git のようなツールを使うとき）の使い方

　これらは最低限，グループ内で決めておく必要があります．覚えておきましょう．

演習問題

1. ダウンロードページから haiku.txt という名前のファイルを入手します．このファイルに収められた俳句を読み込み，その文字列から漢字の単語のみを抽出するプログラムを作成しましょう．

   (俳句データは，京都大学教育学部の野村理朗先生よりご提供いただきました.)

2. 1 でダウンロードした haiku.txt を読み込み，各俳句の上五（上句）だけをファイルに書き出すプログラムを作成しましょう．同様にして，中七だけ，および下五（下句）だけをファイルに書き出すプログラムを作成しましょう．

第 **7** 章

while文の再考

何を学ぶか

　第5章でくり返しの基本を学びました．くり返しはほとんどのプログラムに出てくる構造ですが，一番よく使われるのがwhile文といえます．while文は「プログラムが停止しない」という，よくあるエラーの原因にもなっており，その対処法を知っておくことは必須といえるでしょう．もう一度，詳しく学んでいきます．

この章の項目

7.1　変数は変化する──変数の復習
7.2　while文を使ったくり返し
7.3　停止しないプログラムを作らない

7.1　変数は変化する──変数の復習

　while 文を再考する前に，変数について復習します．変数に関する誤った理解のせいで while 文がうまく動かないケースがあるためです．

　第 3 章で学んだように，「=」は変数に値を代入するときに使うものでした．では，以下のように変数を宣言するステートメントを作ったとき，y を print 文で出力するとどうなるでしょうか？

```
x = 'A'
y = x
x = 'B'
print(y)
```

　答えはA です．分かりましたか？

　まず，コードの 1 行目でx に値A を代入しています．そして 2 行目でy にx（値A が入っている）を代入していますが，3 行目でx に値B を代入し直しました．そのため，答えはB のように思えますが，新たなx（値B が入っている）がy に代入されているわけではないので，y の値は元のまま（値A）です．このように変数を別の変数に代入する際は，よく注意を払ってください．以下もよくある誤りです．

```
i = i + 1
```

これはくり返しのときによく使う形式ですが，このままで使うと「i は未定義である」というエラーが出ます．この形式を使う前に，i の初期設定が必要となります．

```
i = 0
i = i + 1
```

こうすると，2 行目でi は値 1 に変化しています．くり返しを行えば，これ以降も値が変化していきます．

7.2　while 文を使ったくり返し

　第 5 章で簡単に紹介しましたが，while 文は以下の構造を持ちます．

```
while (expression):
    loop_block
```

　expression は論理式で，True か False のどちらかになります．True の間は while のループ（loop_block）内を実行し続けます．loop_block は，くり返すステートメントの集まりであり，この部分をインデントしてブロック状に記述します．

　簡単な例を挙げてみます．上で紹介した構造中の`loop_block`のステートメントが何になっているかに注意しましょう．

ソースコード 7.1　countdown.py

```python
1 n = 10
2 while (n > 0):
3   print(n)
4   n = n - 1
5 print('終わり')
```

　このプログラムでは，一つずつ小さくなる数字が表示され続けます．while 文のループ中にある`n = n - 1`によって`n`が小さくなっていきます．コードの最初で`n = 10`と，きちんと初期設定されていますね．

　より詳しく見ていきます．まず，while 文の論理式（`n > 0`）が True であるか False であるかを判定します．True（つまり，`n`が0より大きい）であればループブロック内のステートメント（`n`の出力と`n`の値を一つ小さくすること）を実行します．True の間は，このステートメントがくり返されます．一方，False であれば，ステートメントを実行せずにくり返しの外に出ます．

　重要な点は，while 文がくり返されると，やがて論理式が True から False に変わることです．もし，いつまでも変わらなければ無限ループに入ってしまいますね（システムが例外処理として中断することになるでしょう）．

7.3　停止しないプログラムを作らない

　コンピュータの発明の出発点はパスカルとも言われていますが，チューリングが最初に数学的に定義し，現在の発展の礎を作りました．その過程でチューリングは，「停止性問題」と呼ばれる謎について明らかにしました．簡単にいうと，あるプログラムが停止するかどうかを数学的に証明することはできないというものです．このことは，プログラムのエラーに関しても重要な課題を投げかけました．

　その後，多くの研究者が，プログラムにエラーがないことを数学的に証明する方法について研究を続けてきましたが，結果は思わしくありません．この方法が判明すれば，ソフトウェア中の最もクリティカルな部分だけでもエラーがないことを証明でき，重大事故の防止にもつながると期待できます．数学的な証明問題はさておくとしても，プログラムが停止しないエラーが起きないようソースコードを書くことはプログラマーの大切な役割です．そのための方法はいくつか用意されています．

▶停止性問題
「『どんなチューリングマシン，あるいは同様な計算機構についても，それが有限時間で停止するかを判定できるアルゴリズム』は可能か，という問題」（Wikipedia より引用）．

break 文と continue 文

　例えば，くり返しのはじめではなく，ブロックの途中に判定式（論理

式）を入れて中断したいときは，第 5 章で簡単に紹介した，break 文を挿入します．

以下のコードを眺めてみましょう．

ソースコード **7.2**　chudan.py

```
1  x = 0
2  y = input()
3  while (x >= 0):
4      print(x)
5      if x == int(y):
6          break
7      x = x + 1
```

このプログラムは，x の値が 0 から順番に大きくなって y になるまでくり返し，y になったときに中断します．確かめてみましょう．

このプログラムはまず，y の入力を待ちます．y として 5 を入力すると 5 で止まるはずです．break 文を入れたことで，プログラムを意図的に終わらせることができたのです．

では，このプログラムではこれ以上エラーは起きないといえるでしょうか？ 残念ながら，y として −5 を入力すると，無限ループに陥ってしまいます．では，どうすればこうしたエラーは防げるのでしょうか？

このような簡単なプログラムでも，すぐに無限ループが発生してしまいます．これを回避するための一つの方法は，常にカウンターを入れておくことです．そのカウンターの上限までしかループしないようにするわけです．ただし，そのためには while 文の中に，さらに条件式を入れる必要があります．

以下に，while 文の一般的な構造を示します．このように，いろいろなケースを想定して無限ループなどのエラーが起きないようにします．

```
while (expression1):
  statements1
    if (expression2):
      statements2
      break
    if (expression3):
      continue
```

なお，この一般形式の中には continue 文というものがあります．continue 文とは，上の例の場合，expression3 という条件式が True なら何もせずに while 文のループを続行させる命令です．break 文はくり返しの外に出すための命令でしたが，continue 文はループを続行させるための命令なのです．

　また，上記の一般形式は if 文が 2 つしかありませんが，数はいくつあっても構いませんし，elif 文や else 文が入っていても構いません（次の例題の解答例を確認してみましょう）．

― 例題 ―

1 から 100 のどの数字が正解かを予測し，当たるまでくり返すゲームを作りましょう．正解より大きい数字なら「もっと小さいです」，小さい数字なら「もっと大きいです」というメッセージを出します．正解が出たら「当たりです」というメッセージとともに，break 文を使ってくり返しを終えるようにします．第 4 章で紹介したモジュール random を導入（import）して正解の数を設定しましょう．

　以下に，解答例を示します．ここでは，上述した while 文の一般形式のうち，while に関わるステートメントを省略しています．このような形も可能です．

ソースコード **7.3**　okusoku.py

```python
1  from random import randint
2  def okusoku():
3    num = randint(1,100)
4    print('1から100のどの数字が出るか予測してください')
5    gs = input('予測した数字を入力します')
6    gi = int(gs)
7    while (gi):
8      if num == gi:
9        print('当たりです',gi)
10       break
11     elif num > gi:
12       print('もっと大きいです')
13     else:
14       print('もっと小さいです')
15     gi = int(input('次の予測は？'))
16 okusoku()
```

▶from
ソースコード 7.3 では，ソースコード 6.4（p.69）で登場した from と import の併用パターンを用いています．これにより，第 4 章で紹介したモジュール random のうち，同じく第 4 章で扱った randint のみが import されます．詳しくは第 14 章参照．

― 例題 ―

次の数学の方程式を解くプログラムを作りましょう．

　　$2x + 6 = 14$

【ヒント】

答えを探すために，while 文をくり返しながら，x の値を -100 から 100 まで一つずつ上の方程式に代入するプログラムとします．正しい答えが得られたときに，break 文を使って while 文のループから出るようにします．最後に，$x = **$ のように答えを出力します．

以下に，解答例を示します．方程式の答えは，自分で確かめてください．

ソースコード **7.4**　sugaku.py

```python
 1  def sugaku():
 2    x = -100
 3    while x < 100:
 4      if 2 * x + 6 == 14:
 5        print ('x = ',x)
 6        break
 7      x += 1
 8    else:
 9      print('答えがありません')
10  sugaku()
```

なお，第 3 章で代入の規則について説明しました．「=」は代入演算子とも呼ばれますが，そのバリエーションをいくつか挙げておきます．

〈代入演算子の種類〉

```
x += 1    x = x + 1 のこと
x -= 1    x = x - 1 のこと
x *= a    x = x * a のこと
```

例題

鶴亀算の答えを出すプログラムを作ってみましょう．頭の総数と足の総数から鶴と亀の数を求める問題です．今，頭の総数が 10，足の総数が 24 であるとします．くり返しは鶴の頭の数をカウンターにし，0 から始めて答えが出るまでくり返します．答えが出なかった場合のことも考えて条件式を作りましょう．

以下に，解答例を示します．鶴亀算の答えは，自分で確かめてください．

ソースコード **7.5**　tsurukame.py

```python
 1  def tsurukame(head,leg):
 2    x = 0
 3    y = 0
 4    while x <= head:
 5      y = head - x
 6      if (x * 2 + y * 4) == leg:
 7        print('亀の数は',x)
 8        print('鶴の数は',y)
 9        break
10      x += 1
11    else:
12      print('答えがありません')
13  tsurukame(10,24)
```

ここで,「はじめに」およびで第2章冒頭で紹介した,ハートの形に*を出力する問題を再考します.実は,第2章のほうのプログラム（p.12のソースコード2.1）は,for文を使ってこの描画を行うものです.見返して,実際に動かしてみましょう.

ここでは,while文を使って同じことを行ってみます.ただし今度は,1行が1秒ずつ表示されるようにしましょう.そのため,第4章で紹介したモジュールtimeを導入します.時間的な間隔を挿入することで,絵文字を描く操作がアニメーションのように見られるはずです.なお,このプログラムでは,ファイル中の19行だけを表示するよう制限しています.

▶range 関数
ソースコード 2.1 では range 関数のパラメータが2つあります.これについては第8章で説明します.

ソースコード **7.6** happytime.py

```
 1  import time
 2  file = open('happy.txt')
 3  kurikaeshi = 1
 4  memo = file.readline()
 5  while kurikaeshi < 20:
 6      print(memo)
 7      time.sleep(1)
 8      kurikaeshi += 1
 9      memo = file.readline()
10  file.close()
```

ファイル中のデータの読み込みは,第5章で紹介したメソッドreadlineを使って行っています.memo = file.readline() をくり返すだけで,ファイル中のデータが1行ずつ読み込まれていきます.

演習問題

　2つのファイルがあり，どちらにもいくつかの数字が小さい順に入っています．その2つのファイルを読み込んで一つにまとめ（これをマージと呼びます），数字の小さい順に表示するプログラムを作成しましょう．また，マージしたデータを新しいファイルに書き込んでみましょう．

第 8 章

for 文の再考と
while 文との比較

何を学ぶか

for 文は，while 文と同じくらい大切なくり返しのステートメントです．くり返しを行うのにどちらを使うかは，プログラミングの学び始めの頃は迷う点の一つといえます．使いこなすには，論理式の知識を深めておくことも重要です．本章では，もう一度 for 文の使い方をおさらいするとともに，while 文との違いについて学びます．

この章の項目

8.1　for 文の形式

8.2　while 文と for 文とはどこが違う？

8.3　Python での文字列と論理式の考え方

8.4　for 文を使った検索

8.1　for 文の形式

第 5 章で簡単に紹介しましたが，for 文は以下の構造を持ちます．

```
for var1 in var2:
    loop_block
```

var2 は何らかのデータの集まり，var1 はその中の個々のデータです．この集められたデータ一つひとつに対して，順番に for のループ（loop_block）を実行します．

for 文も while 文と同様，何らかのくり返しを行います．試しに，第 7 章で行ったのと同じくり返し（p.81 のソースコード 7.6）が for 文でもできることを見てみましょう．

▶**happy.txt**
第 7 章 で 用 い た happy.txt
を，このソースコードと同じ
フォルダに入れて実行しまし
ょう．

ソースコード **8.1**　happytimefor.py

```
1  import time
2  file = open('happy.txt')
3  for kurikaeshi in range(1,20):
4      memo = file.readline()
5      print(memo)
6      time.sleep(1)
7  file.close()
```

できましたか？

なお，上述した構造中のvar1 はkurikaeshi という変数に，var2 はrange(1,20) となっています．ここで，range(1,20) は第 5 章で解説した range 関数ですが，パラメータが 2 つあります．最初の数字は数え始めの場所（開始の数字），次の数字は数え終わりの場所（最初から何番目か）です．range 関数は 0 から始まるので，range(1,20) は「1」から数え始め，20 番目の「19」までくり返すことを意味します．

以下に，for 文のより一般的な構造を示します．

```
for var1 in var2:
    statements1
        if (expression1):
            statements2
            break
        if (expression2):
            continue
```

くり返すステートメントの集まり (statements1) をインデントし，ブロック状に記述する点は while 文と同じです．通常，このブロックには代入された変数を使ってさまざまな処理をするコードが入ります．ただし，for 文では，while 文のようにカウンター（くり返しの数を示す変数）を

使わなくても自動的に順番に値を変数に代入してくれるため，とても便利
な構造といえます．

　なお，if 文の考え方や，break 文や continue 文の使い方などは，while 文
の場合と同じです．また，上記の一般形式は if 文が 2 つしかありません
が，数はいくつあっても構いませんし，elif 文や else 文が入っていても構
いません．

8.2　while 文と for 文とはどこが違う？

　while 文も for 文も，くり返しを行うという意味では同様のものといえ
ます．では，どこが違うのでしょうか？　第 7 章のソースコード 7.6（p.81）
と本章のソースコード 8.1（p.84）を見比べてみましょう．

ソースコード **8.2**　happytime.py（再掲：ソースコード **7.6**）

```
1  import time
2  file = open('happy.txt')
3  kurikaeshi = 1
4  memo = file.readline()
5  while kurikaeshi < 20:
6    print(memo)
7    time.sleep(1)
8    kurikaeshi += 1
9    memo = file.readline()
10 file.close()
```

ソースコード **8.3**　happytimefor.py（再掲：ソースコード **8.1**）

```
1  import time
2  file = open('happy.txt')
3  for kurikaeshi in range(1,20):
4    memo = file.readline()
5    print (memo)
6    time.sleep(1)
7  file.close()
```

　細かな違いはいくつかありますが，決定的に違うのはファイルを読む命
令である readline() の位置です．while 文の場合はループの外側に一つ
あり，ループの内側にもあります．一方，for 文ではループの内側に一つ
だけあります．実行すれば分かるとおり，結果は同じになります．

　では，この 2 つの文はどう使い分ければよいのでしょうか．この問い
に答えるには，次の 2 つの問題を考えるとよいでしょう．

　1．データの数とくり返す回数をどう一致させるか？
　2．ファイルが空の場合どう対処するか？
一つずつ考えていきましょう．

(1) データの数とくり返す回数をどう一致させるか?

　まず,上記のどちらのプログラムでも,ファイル中にデータがない行があるにもかかわらず必ず 19 回くり返され,残りは空の行が表示されます.それは,最初から 19 回くり返される設定になっているからです.空の行の表示をなくするには,データの数とくり返す回数を一致させる必要がありますが,そのためにはデータの数が分かっていないといけません.

　この問題を解決するために,データが存在する間だけくり返すという設定に変えてみましょう.while 文の場合,論理式を使えばできそうです.

len 関数

　いろいろな方法が考えられますが,len() という関数を使ってみましょう.len() は文字列の長さを調べる関数です.例えば,「松尾正信」という文字列を IDLE を使って len 関数にかけてみましょう.

```
>>> len(' 松尾正信')  Enter
4
```

　つまり,松尾正信は 4 文字の長さであることを示しています.

　len 関数を使って,ファイルhappy.txt 中の各行の長さを逐一調べ,それが 0 でない間(データがある間)だけ,ループをくり返すという方法が使えそうです.この場合の論理式は,ファイル中のデータを読み込んだ変数memo を使って,len(memo) > 0 と表記できます.

ソースコード **8.4**　happytimelen.py

```
1  import time
2  file = open('happy.txt')
3  memo = file.readline()
4  while len(memo) > 0:
5      print(memo)
6      time.sleep(1)
7      memo = file.readline()
8  file.close()
```

　あるいは,while len(memo) > 0:の部分を while memo:とする解もあります(これは次節で説明します).試してみましょう.いずれにしても,くり返す回数があらかじめ分かっている必要はありません.

　一方,for 文ではデータの数が分からないと,くり返す回数は決められません.

(2) ファイルが空の場合どう対処するか?

　そもそも,ファイルの中身が空だったらどうなるでしょうか? プログラムを作る際は,こうした極端なケースも考慮しておくべきです.for 文

では（そして設定によっては while 文でも），(1) と同じ問題が付きまといますが，while 文では上記の変更により，ファイルが空であればくり返しは起きません.

　以上をまとめると，while と for は共にくり返しのための文ですが，くり返すループの回数が分かっているときは，どちらを使っても構いません. ただし，カウンターを使わなくてもよいという点で for 文が適しているといえます. 一方，くり返す数が分からないときは while 文がよいでしょう.

8.3　Python 特有の文字列と論理式の考え方

　while 文を使えば，論理式を工夫することでくり返しの数も制御できることを学びました. ただし，この説明の中では Python 特有の文字列と論理式の考え方が使われており，注意が必要です. 少し詳しく説明しておきましょう.

　第 4 章で論理式やブール関数の説明を行いました. ソースコード 8.4(p.86) 等では論理式の中で比較演算子を使っていますが，このとき次のような True，もしくは False の判定が行われています. IDLE を使って実際に確かめてみましょう.

▶他言語での論理式
他の言語，例えば PHP などとは異なります. Python 以外の言語も使っている人は，こうした言語特有の論理式を使った制御の方法は避けるのが無難です.

```
>>> 1 < 5 Enter
True
>>> 1 > 5 Enter
False
```

　つまり，比較や等号を使った論理式では True あるいは False が結果として返されているのです.

　また第 4 章では，0 以外の数が条件式に使われるときは True，0 の値を持つときは False になると説明しましたが，一般に下記のことがいえます.

- True：ゼロではない数，または空ではないオブジェクト
- False：ゼロの数，または空のオブジェクト

　したがって，ファイルを読み込むときに，空ではないオブジェクト（文字列）が返ってきた行の論理式は True になります. ソースコード 8.4 中の while len(memo) > 0:の部分をwhile memo:に変えても成り立つのは，そのためといえます.

　では，ブール演算子を使う場合はどうでしょうか. 以下は一般則です.

　X and Y

は，X と Y が共に True ならば True，どちらか一方でも False ならば False です.

X or Y

は，X か Y のどちらかが True であれば True，共に False ならば False です．

not X

は，X が False であれば True，True ならば False です．

Python では，True / False の判定は左から順番に行われ，結果が分かり次第判定をやめます．以下の例を見れば明らかでしょう．

▶True / False
1 も 5 も True（ゼロではない数）のため，上記一般側の X と Y が共に True の場合に相当します．

```
>>> 1 and 5  Enter
5
>>> 1 or 5  Enter
1
>>> 5 and 1  Enter
1
>>> 5 or 1  Enter
5
```

1 番目の式をブール関数にかけた結果が下記です（他の式も試しましょう）．

```
>>> bool(1 and 5)  Enter
True
```

X と Y のどちらかが False（ゼロ）になる場合の結果は下記です．

```
>>> 1 and 0  Enter
0
>>> 1 or 0  Enter
1
>>> 0 and 1  Enter
0
>>> 0 or 1  Enter
1
```

1 番目の式をブール関数にかけた結果が下記です（他の式も試しましょう）．

```
>>> bool(1 and 0)  Enter
False
```

　ちょっとややこしいのは，以下の例です．第 10 章のリストの話を先取りしますが，難しくありません．

```
>>> [] and 1 [Enter]
[]
>>> 1 and [] [Enter]
[]
>>> bool([] and 1) [Enter]
False
>>> bool(1 and []) [Enter]
False
```

　これは，リストの中身が空になっているため False になっています．

　さて，話を最初に戻して，ソースコード 8.1 のような for 文では，こうした論理式をどう適用するのでしょうか？　残念ながら，range 関数の値を定められないため，このコーディングでは無理なのです．

8.4　for 文を使った検索

　for 文を使う代表的な例は検索です．以下は，ある文字列の中に「松」という漢字があるかどうかを調べるプログラムです．

ソースコード 8.5　kensaku.py

```
1  memo = u'今日は山田さんと田中さんが私の家(松尾宅)にやってきてBQパーティー
     をしました'
2  for x in memo:
3    if x == u'松':
4      print('ありました！')
5      break
```

　ここで，クォーテーションマーク（'）で囲まれている文字列の前にuという記号を付けていることに注意してください．これは内部の文字コードが UTF-8 であることを示しています．

　memo という変数に文字列を代入し，その文字列から松という文字を検索します．見つかれば，メッセージを出してループの外に出ます（break 文）．break 文は前に見たように，ループの外に強制的に出る命令ですが，あまり使いすぎないようにしてください．なぜなら，美しいプログラムというのは入り口，出口ともに一つだけにするというのがプログラミングの常識だからです．

　では，検索する文字が複数ある場合に，そのすべてを探し出して数え上げるプログラムに変えてみます．

▶文字コードの指定
ソースコード 6.6 でも使っています．見返してみましょう．

> **例題**
>
> 以下の文字列を検索して、「松」と「B」がいくつあるかを表示する
> プログラムを作りましょう.
>
> 【文字列】
> 今日は山田さんと田中さんと松永さんが私の家（松尾宅）にやって
> きて BQ パーティーをしました

以下は解答例です.

ソースコード 8.6　kensakucount.py

```
1  memo = u'今日は山田さんと田中さんと松永さんが私の家(松尾)にやってきてBQパ
      ーティーをしました'
2  kaisu = 0
3  kaisu_b = 0
4  for x in memo:
5    if x == u'松':
6      kaisu += 1
7      continue
8    if x == u'B':
9      kaisu_b += 1
10     continue
11 print('松の回数' + str(kaisu))
12 print('Bの回数' + str(kaisu_b))
```

　この場合の for ループは，memo（文字列）の中の文字を最初から順番に
検索していきます. もしも，松という文字が見つかれば，kaisu に 1 を追
加して次のループのトップにいきます. また，B という文字が見つかれ
ば，kaisu_b に 1 を追加して次のループのトップにいきます.
　では，仕様を少し変更して，検索したい文字列がファイルに保存されて
いると想定してみます. 第 5 章で説明したメソッドread を使います. こ
れはファイルの全テキスト（データ）を一つの文字列として返します.

▶文字コード変換
3 行目では，文字コードを
UTF-8 に変換するための命
令であるメソッド decode を
使っています.

```
file = open('memo3.txt')
memo3 = file.read()
memo = memo3.decode('utf-8')
```

　あとは，ソースコード 8.6 と基本的には同じコーディングになります.
このように，プログラムの中にデータを書き込むのではなくファイルにデ
ータを書くことで，より実用的なプログラムになります.

例題

次の図のように，ハートの絵文字♡を一部反転させてハートの絵柄が浮き上がるプログラムを作ってみましょう．happy.txt を読み込んで作りますが，データ中の「I」という記号を O に変換します．

以下に解答例を示します．

ソースコード **8.7**　hearthanten.py

```python
import time
file = open('happy.txt')
for kurikaeshi in range(1,12):
  memo = file.readline()
  new = ''
  i = 0
  for m in memo:
    i = i + 1
    if m == ' ':
      new = new + '♡'
    elif m == '*':
      new = new + ' '
    elif m == 'I':
      new = new + 'O'
  j = 0
  while j < 50 - i:
    new = new + '♡'
    j = j + 1
  time.sleep(1)
  print (new)
file.close()
```

演習問題

1. 自分のメールや Web サイトなどから文章を手でカット・アンド・ペーストするなどして作ったテキストファイルから全文を読み込み，その文字数を計算して表示するプログラムを作成しましょう．また，全文の中から漢字のみを抽出し，その頻度を表示させましょう．

2. 上記の演習問題 1 と同様の方法で，ひらがなのみを抽出し，その頻度を表示させましょう．

3. 漢字のあとのひらがなが，{は，も，と，か，が} になっているものと，{を，と} になっているものをそれぞれ区別して抽出し，表示させましょう．

第9章

数字や文字の演算

何を学ぶか

第 3 章でデータ型について説明しました．データ型とは，データを入れるいわば"器"であり，データ型が異なると使える演算子（オペレータ）や関数も異なります．本章では演算に着目し，数字および文字列に関わる具体的な演算子を見ていきます．その背後にある，オブジェクトやメソッドといった概念も簡単に紹介します．

この章の項目

9.1 数字に関わる演算

9.2 オブジェクト

9.3 文字列に関わる演算

9.4 文字列に対する操作

9.1　数字に関わる演算

　第3章でデータ型の簡単な説明を行いました．その中で，数字のデータ型は整数（int）と小数（float）に分けられることを見ましたが，そこでの話はほぼ10進数に限られていました．コンピュータの中では2進数，8進数，16進数なども使われます．以下は，さまざまな数字の例です．

〈数字（定数）の例〉
```
7   2147483647   7922816251426433759354395036
0b100110111   0o177   0xdeadbeef
100_000_000_000   0b_1110_0101
```

　ここで，`0b100110111`は2進数（最初の2文字が`0b`），`0o177`は8進数（最初の2文字が`0o`），`0xdeadbeef`は16進数（最初の2文字が`0x`）の数字です．試しにIDLEに入力して，それぞれの10進数表記を確かめましょう．

```
>>> 0b100110111 Enter
311
```

```
>>> 0o177 Enter
127
```

```
>>> 0xdeadbeef Enter
3735928559
```

　以下，数字に関わる演算についてまとめます．

算術演算子

▶*x//y*
*x//y*には注意が必要です．1//2は0，(−1)//2は−1，1//(−2)は−1，(−1)//(−2)は0となります．

　まずは，算術演算子について見ていきましょう．

演算子の使用形式	意味	使用例（結果）
x + y	x と y の和算	1 + 1 (2)
x − y	x と y の減算	4 − 1 (3)
x * y	x と y の乗算	2 * 3 (6)
x / y	x と y の除算	5 / 2 (2.5)
x // y	x÷y の商	5 // 2 (2)
x % y	x÷y の余り	5 % 2 (1)
x ** y	x の y 乗	2 ** 3 (8)

　xとyが10進数以外の数字でも計算（加減乗除）はできますが，結果は10進数表記となります．

組み込み関数による演算

　組み込み関数の中にも，数字に関する演算ができるものがあります．以下にまとめました．

組み込み関数の使用形式	意味	使用例（結果）
abs(x)	x の絶対値	abs(1 + 1j) (1.41421356...)
int(x)	x の整数値	int(3 / 4) (0)
float(x)	x の浮動小数値	float(3 / 4) (0.75)
complex(x, y)	実数部 x，虚数部 y の複素数	complex(2, 3) (2 + 3j)
(x + yj).conjugate()	x + yj の共役複素数：x − yj	(3 + 5j).conjugate() (3 - 5j)
divmod(x, y)	(x // y, x % y)	divmod(5, 2) (2,1)
pow(x, y)	x の y 乗	pow(4, 3) (64)

ここで，1 + 1j は実数部 1，虚数部 1 の複素数を表しています．つまり，abs(1 + 1j) は，

$$\text{abs}(1 + 1j) = \sqrt{(1 + 1j)(1 - 1j)} = \sqrt{1^2 - (1j)^2} = \sqrt{2}$$

という演算をしているわけです．ちなみに，複素数の加減乗除は以下のように行います．

```
>>> (3 - 1j) + (5 + 4j)  Enter
(8 + 3j)
```

```
>>> (2 + 1j) * (3 - 1j)  Enter
(7 + 1j)
```

```
>>> (8 + 4j) / (2 - 1j)  Enter
(2.4 + 3.2j)
```

　なお，先の演算子で紹介した x ** y と pow(x, y) は同じ結果となります．確かめてみましょう．

```
>>> 5 ** 7  Enter
78125
>>> pow(5, 7)  Enter
78125
```

▶ **0 の 0 乗**
pow(0, 0) あるいは 0 ** 0 は 1 になります．確かめてみましょう．

ビットに関わる演算

　ここでは，ビットに関わる演算をまとめます．具体的には，2 進数表記にした際の各ビットに作用する演算といえます．以下の例題を見ながら，

理解しましょう．

演算子の使用形式	意味	使用例（結果）
x & y	x と y のビット AND	6 & 7 (6)
x | y	x と y のビット OR	6 | 7 (7)
x ^ y	x と y の排他的ビット OR	6 ^ 7 (1)
x << n	左に n ビットシフト	1 << 3 (8)
x >> n	右に n ビットシフト	8 >> 2 (2)
~x	ビットの逆転	~5 (-6)

例題

x = 1 のとき，以下の演算がどうなるか求めてみましょう．

x << 2

x | 2

x & 1

　これらは，x = 1 の 2 進数表記 1（1 桁目のビットが 1）に対する演算と考えれば明らかです．例えば，x << 2 は，ビットを 2 つずらしているので 2 進数表記で 100（10 進数表記では 4）となります．後の 2 つは，比べる数字（x | 2 なら，x = 1 と 2）を 2 進数表記にした際，それぞれの桁のビットで 1 | 0，0 | 0，1 | 1 を行うことで結果が出ます．以下に，結果を示します．

```
>>> x = 1  Enter
>>> x << 2  Enter
4
```

```
>>> x | 2  Enter
3
```

```
>>> x & 1  Enter
1
```

9.2　オブジェクト

　ここまでは，数字のデータ型（int あるいは float）に関わる演算について説明してきました．次に，文字列のデータ型（str）に関する演算を説明しますが，その前に，Python にとって重要な概念であるオブジェクトについて簡単に紹介します．

　第 3 章でも簡潔に触れましたが，Python で使われる数字や文字列などの値は，データ型という概念で区別されます．次章以降で見るように，

Python にはリストやタプルなどのデータ型もあります．Python で扱われるこうした値は，すべて**オブジェクト**と呼ばれ，**型**（データ型，クラス）という「種類」が異なるという位置づけになっています．

　実は，Python ではあらゆるものがオブジェクトです．すでに紹介したモジュールや変数や関数など，すべてのものがオブジェクトなのです．むしろ，「はじめにオブジェクトありき」と表現するのがよいかもしれません．

　そして，何より重要なのが，すべてのオブジェクトは「型」と「値」からなり，その型（つまり，データ型の種類）によって使える演算子や関数が異なることです．これまでに見てきた数字に関する演算子や関数は，int や float などのデータ型だから使える，というわけです．

　このように，オブジェクトがその「型」ごとにひもづけられた演算子や関数を持つことを**属性**といいます．第 4 章でメソッドについて簡単に紹介しましたが，メソッドもまさに属性に当たります．メソッドは，オブジェクト（モジュールなど）にひもづけられた関数であり，単独で使うことはできません．これを使うには，

> オブジェクト名.メソッド名 (引数)

のように指定する必要があります．本章の最後で，文字列のデータ型に関するメソッドの例を紹介します．

　オブジェクトに関しては，第 14 章でより詳しく紹介します．今は，"そのようなもの"くらいに思っていればよいでしょう．

9.3　文字列に関わる演算

　では，文字列に関わる演算について見ていきましょう．いま紹介したオブジェクトの概念に沿って説明するなら，文字列というデータ型に特有の演算子や関数があることになります．

文字列に関わる算術演算子

　文字列は文字が，ある順序で並んだ列です．算術演算子の項で紹介した，和算「+」と乗算「*」は文字列でも使うことができます．

> 〈文字列で使える算術演算子〉
> +　結合
> *　くり返し

　実際に IDLE を使って試してみましょう．

▶クラス
クラスについては第 14 章参照．

▶型と演算子
算術演算子の「+」は文字列型でも使えるなど，異なるデータ型で共通して使えるものもあります．

▶演算子とメソッド
演算子は特殊メソッドと呼ばれるメソッドを使って，異なるデータ型（クラス）にも定義することができます．詳しくは第 14 章を参照してください．

▶文字列
文字列と，第 10 章で説明する文字のリストとの違いは，置換が不可能なことです．このことは，改めて説明します．なお，算術演算子の対象となる文字列のサイズに制限はありません．

```
>>> 'abc' + 'de'  Enter
'abcde'
```

```
>>> 'hi' * 4  Enter
'hihihihi'
```

文字列に関わる比較演算子

文字列に使える比較演算子で，特徴的なものを紹介しましょう．

in 演算子

in 演算子は比較演算子の一つです．2 つの文字列を比較し，1 番目の文字列が 2 番目の文字列に含まれる部分文字列であれば True を返します．

```
>>> print('a' in 'asahi')  Enter
True
```

以下は，文字列中に部分文字列があるかどうかを見つけるプログラムです．

ソースコード **9.1**　inoperator.py

```
1 def include_string(name1,name2):
2   if name1 in name2:
3     print('True')
4   else:
5     print('False')
```

試しに，IDLE で実行してみます．

```
>>> include_string('ac','Jack')  Enter
True
```

```
>>> include_string('ab','Jack')  Enter
False
```

その他の比較演算子

以下は文字列でも使える比較演算子の，その他の例です．

〈文字列で使える比較演算子の例〉

```
x == y    x と y は等しい
x > y     x は y より大きい
x < y     x は y より小さい
```

　なお，文字列での大小の判定は，Unicodeコードポイントの大小で決まります．英文字ならば，アルファベット順に大きくなります（aはbよりも小さいことになります）．

　以下のプログラムを作り，いろいろなバリエーションで，どのような順序になるか確かめてください．

ソースコード **9.2**　hikaku.py

```
1  def name_hikaku(name1,name2):
2    if name1 == name2:
3      print('The same')
4    elif name1 < name2:
5      print(name1+'は'+ name2+'の前にある名前です．')
6    elif name1 > name2:
7      print(name1+'は'+name2+'の後にある名前です．')
```

　以下に，実行結果の一例を示します．

```
>>> name_hikaku('新幹線','旅客機')  Enter
新幹線は旅客機の前にある名前です．
```

9.4　文字列に対する操作

文字列のインデックス化

　第5章などで，文字列のインデックス化について簡単に紹介しました．文字列をインデックス化するには大括弧[ ]を使います．これにより，文字列の中の1文字を取り出すことができます．まずは，IDLEを使って実践してみましょう．

```
>>> name = 'Jack'  Enter
>>> w = name[1]  Enter
>>> print(w)  Enter
a
```

　大括弧の中の数字は，最初から何番目かを指定するものです．上の例では[1]なので1番目となりますが，重要なのは，最初の文字が0（0番目）から始まることです．ですから，上の例では左から0番目のJではなく，1番目のaが答えとなります．

　インデックスとして変数を使うこともできます．

```
>>> name = 'Jack' Enter
>>> x = 2 Enter
>>> print(name[x]) Enter
c
```

インデックスは整数ですので，name[-1] のようにマイナス符号がついていても構いません．

```
>>> name = 'Jack' Enter
>>> print(name[-1]) Enter
k
```

マイナス符号の場合，文字列の最後から数えていきます．Python では，−1 は最後の文字，−2 は最後から 2 番目と決められています．

文字列を最初から順番にたどって出力する操作を，while 文のループを使って行ってみましょう．

ソースコード **9.3** mojiloop.py

```
1 name = 'Jack'
2 i = 0
3 while (i < len(name)):
4   moji = name[i]
5   print(moji)
6   i = i + 1
```

▶**len 関数**
len 関数については第 8 章参照．

ここで，i < len(name) となっていることに注意してください．くり返しは (長さの値 − 1) で止まります．

┌─ 例題 ─
│ while 文を使い，'osakatokyojapan' という文字列を後ろから順番に表示するプログラムを作ってください．
└─

以下に，解答例を示します．

ソースコード **9.4** ushiro.py

```
1 name = 'osakatokyojapan'
2 i = len(name) - 1
3 while (i >= 0):
4   moji = name[i]
5   print(moji)
6   i = i - 1
```

上記の問題を，for 文を使って解いてください．

以下に，解答例を示します．

ソースコード 9.5　ushirofor.py

```
1  name = 'osakatokyojapan'
2  for i in range(1,len(name) + 1):
3    moji = name[-i]
4    print(moji)
5    i = i - 1
```

文字列のスライス

　文字列のインデックス化に似た操作でスライスと呼ばれるものがあります．name = '山田のかかしさん' という文字列を例に説明しましょう．この文字列から最初の 5 文字を抽出することを考えます．それには，下記のように操作します．

```
>>> name = '山田のかかしさん'  Enter
>>> name[0:5]  Enter
'山田のかか'
```

　一般に，スライス[n:m] という操作は，文字列の n 番目から，$m-1$ 番目までを抽出（スライス）することを意味します．n を指定しなければ最初（0 番目）の文字から抽出します．一方，m を指定しなければ最後の文字までを抽出します．以下はその例です．

```
>>> name = '山田のかかしさん'  Enter
>>> name[:2]  Enter
'山田'
>>> name[2:]  Enter
'のかかしさん'
>>> name[3:3]  Enter
''
```

　最後の例では抽出する文字がないため空の文字列'' が表示されています．

検索

　文字列中の文字の検索は頻繁に使いますので，覚えておきましょう．以下は文字列の中から 1 文字を探す例です．このプログラムは，name の中に指定した文字があればそのインデックスを返し（return），なければ，

−1 を返します.

ソースコード **9.6** kensaku.py

```
1 def find_string(name,moji):
2   i = 0
3   while (i < len(name)):
4     if name[i] == moji:
5       return i
6     i = i + 1
7   return -1
```

以下は,このコードを IDLE を使って開き,実行した例です.

```
>>> find_string(' 山田のかかしさん',' 田')  Enter
1
```

検索を開始する位置を,文字列の最初の文字(0 番目)ではなく指定した位置から始めるように変更してみましょう.それには,下記のようにパラメータを追加します.パラメータ(k)の数字が検索の開始位置となります.

ソースコード **9.7** kensaku02.py

```
1 def find_string(name,moji,k):
2   i = k
3   while (i < len(name)):
4     if name[i] == moji:
5       return i
6     i = i + 1
7   return -1
```

以下は,このコードを IDLE を使って開き,実行した例です.

```
>>> find_string(' 山田のかかしさん',' か',2)  Enter
3
```

例題

以下のソースコードは,文字列

name = 'osakakyototokyojapan'

の中に指定した文字('a')がいくつあるかを数える関数です.実際に動かしてみて,内容を理解しましょう.

ソースコード **9.8** kensaku03.py

```python
1  def find_count(name,moji):
2    i = 0
3    count = 0
4    while (i < len(name)):
5      if name[i] == moji:
6        count = count + 1
7      i = i + 1
8    return count
9  name = 'osakakyototokyojapan'
10 x = find_count(name,'a')
11 print(x)
```

文字列のメソッド

先ほど，メソッドについて紹介しましたが，文字列には数多くの役に立つメソッドがあります．メソッドは関数とよく似ていますが，使い方が異なります．先述のとおり，メソッドはオブジェクトにひもづけられているため，呼び出すには「オブジェクト.メソッド(引数)」のように，オブジェクトを"修飾語"として頭に付けて使います．

例えば，upper() というメソッドがあります．これは，文字列の中の英字をすべて大文字に置換します．確かめてみましょう．

▶文字列のメソッド
第 5 章で紹介した strip は文字列のメソッドの例です．

```
>>> name = 'osaka station' [Enter]
>>> new_name = name.upper() [Enter]
>>> print(new_name) [Enter]
OSAKA STATION
```

swapcase() というメソッドもあります．これは，文字列の英字の大文字を小文字に，逆に小文字を大文字に置換します．試してみましょう．

```
>>> name = 'Osaka Station' [Enter]
>>> new_name = name.swapcase() [Enter]
>>> print(new_name) [Enter]
oSAKA sTATION
```

他にも，文字列のメソッドには役立つものがありますので，調べてみましょう．

演習問題

1. 日経平均株価の毎日の「始値」「高値」「安値」「終値」の情報が書かれた csv ファイルを入手し，それらのデータを読み込んで，

- 始値と終値の差
- 高値と安値の差

を計算して出力するプログラムを作成しましょう．ただし，以下の手引きを参考にしてください．

【手引き】
csv 形式のファイルの中身が以下のように並んでいるとします（プログラムから読み込ませるときは数値データだけにしておきます）．

日付	終値	始値	高値	安値
8/1	354.23	355.13	398.27	341.15
8/2	334.57	344.61	366.51	320.25
⋮	⋮	⋮	⋮	⋮

　このとき，例えば各行の「始値」と「終値」の差を画面出力するには，モジュールcsv とメソッドreader を用いる以下の構造を適用します．

```
import csv
変数名 1 = open(' ファイル名.csv')
変数名 2 = csv.reader(変数名 1)
for row in 変数名 2:
  print(float(row[1])-float(row[2]))
file.close()
```

ただし，row は csv ファイルから読み込んだ各行の値をリスト形式に配列したものです．本章で学習したとおり，row[1] とすると，各行の 2 列目が取り出されます（0 が 1 番目となるため）．また，読み込んだ値は文字列型のため，演算を行うには浮動小数点型に変える組み込み関数float()で変換します．なお，変数名やファイル名は皆さん自身で付けてください．

2. 第 10 章の演習問題を学んだら，上記の演習問題 1 で作成したプログラムを改良し，その日の始値と次の日の終値との差を求めて，新たな csv ファイルに書き込むようにしましょう．

▶株価のデータ
例えば，「日経平均プロファイル」というサイトで日経平均株価の日次データが公開されています．トップページを開き，タブ「指数一覧」の「ダウンロードセンター」というページにいくと，「日次データ」を含むさまざまなデータが見られます．参照する場合は利用規約をよく読み，個人の責任で行ってください．

▶csv ファイル
数値や文字列などのテキストデータをカンマなどの記号で区切って並べた，拡張子が csv のテキストファイルのこと．

▶モジュール csv
モジュール csv は，csv 形式のファイルから，各行の値を読み込むためのものです．メソッド reader を for 文とともに用いることで，行ごとに，各値をリスト形式で読み込ませることができます．なお，各行をレコード，各列をコラム，各値をフィールドともいいます．

第 **10** 章

リストのデータ型

┃何を学ぶか

　プログラミングが上達してくると，最もよく使うようになるデータ型がリストであるといえます．前章までに，すでに何度も登場しています．リストには，要素の置換が可能であること，インデックスが使えること，標準の関数が豊富，といった多くの利点があります．しっかりと使い方を身に付けましょう．

┃この章の項目

10.1　リストの作り方

10.2　リストに関する演算子と操作

10.3　文字列とリストの違い

10.4　オブジェクトのidentity

10.5　リストで使うメソッド

　本書ではたびたび，リストというデータ型を先取りして紹介しました．例えば第5章では，ファイルの読み込み形式の一つreadlinesを使うと，ファイルの中身がリストとして出力されることを見ました．リストはPythonで頻繁に使われるデータ型で，たいへん便利なものです．本章では，このデータ型について詳しく説明していきます．

　リストは任意の値を順番に並べたものです．文字列は文字が並んだものですが，リストではどのようなデータ型の値が並んでいても構いません．リストの中の値は**要素**と呼ばれます．

10.1　リストの作り方

　では，リストを作ってみましょう．リストを作るには[ ]を使います.

〈リストの例〉

```
[100,200,300,400]
['osaka','tokyo',' 京都']
[' 山田',20,['osaka','japan']]
```

　この例のように，リストの要素は数字でも文字列でも構いません．また，3つ目の例のように，各要素のデータ型は混在させることができ，リストの要素の中に別のリストを入れることもできます．

　第9章で，文字列のインデックス化について説明しました．リストと文字列のインデックス化は似ています．確かめてみましょう.

```
>>> num = [100,200,300,400]  Enter
>>> print(num[2])  Enter
300
```

　文字列のインデックス化のところで説明したように，大括弧の中の数字は最初から何番目の要素か，を指定します．リストでも，最初の要素が0（0番目）となるので，num[2]は300です．このように，リストでもインデックスを用いて要素を指定することができます．

　インデックス化された文字列とリストとの一番の違いは何でしょうか．それは，リストでは要素の置換が可能なことです．リストで置換をするには，インデックスで指定した要素だけを代入演算子を使って入れ替えます．num = [100,200,300,400] を例に，確かめてみましょう．

置換前

```
num[0] : 100
num[1] : 200
```

```
num[2] : 300
num[3] : 400
```

この状態で，次のように置換を行います．

```
>>> num = [100,200,300,400] Enter
>>> num[2] = 1000 Enter
>>> print(num[2]) Enter
1000
```

この置換により，リストは下記のように変化しています．

置換後

```
num[0] : 100
num[1] : 200
num[2] : 1000
num[3] : 400
```

インデックスがマイナスのときは，後ろから数えます．これは文字列の場合と同じ仕組みです．先ほどの例では，num[-1] は一番最後の要素である 400 となります．

存在しないインデックスを指定したり，代入したりすると IndexError になります．そのため，インデックスを使うときは，len 関数を使って長さを知っておく必要があります．

ちなみに，リストの要素数を len 関数を使って求める際，その要素がどのようなオブジェクトであっても一つとして数えます．ネスト構造になっているリストでも，そのオブジェクトは一つと数えます．

例として，['a,b,c',[4,5,6,7],'A B C'] というリストの要素の数を len 関数を使って数えてみましょう．

▶len 関数
第 8 章参照．

```
>>> object_list = ['a,b,c',[4,5,6,7],'A B C'] Enter
>>> len(object_list) Enter
3
```

つまり，このリストの要素の数は 3 です．

要素が何もない，空のリストを作ることもできます．それには以下のように指定します（empty_list という変数名にしています）．

```
>>> empty_list = [] Enter
```

空のリストに要素を追加する方法は後述します．

なお，組み込み関数の一つ list() は，リストを作ることが可能な関数

です．実際に確かめてみましょう．

```
>>> namelist = list(' 松尾正信')  [Enter]
>>> print(namelist)  [Enter]
[' 松', ' 尾', ' 正', ' 信']
```

　list 関数の括弧内を指定しなければ（empty_list = list()），先ほど
と同じ，空のリストを作ることができます．

> ── 例題 ──
>
> 　for 文を使って，以下のリスト中の各要素（数字）をその 3 倍の数字
> に置き換え，一つずつ出力するプログラムを作りましょう．ただし，
> 元の数字と置き換えた数字をペアで出力するようにします．range 関
> 数と len 関数を組み合わせて，くり返しの限界値を見つけておくこと
> がポイントです．
>
> 【リスト】
> 　　number_list = [1,2,3,4,5,6,7,8,9]

▶range 関数
第 5 章参照.

▶len 関数
第 8 章参照.

以下に，解答例を示します．

ソースコード 10.1　numberlist.py

```
1  number_list = [1,2,3,4,5,6,7,8,9]
2  for i in range(len(number_list)):
3      print(number_list[i])
4      number_list[i] = number_list[i]*3
5      print(number_list[i])
```

10.2　リストに関する演算子と操作

　第 9 章でオブジェクトの型（データ型）の種類によって使える演算子
や関数が異なることを説明しました．本節では，リストというデータ型で
使われる演算子と操作の一部を紹介します（数字や文字列と共通のものも
あります）．

結合

　算術演算子「+」はリストを結合します．以下に例を示します．

```
>>> [1,2,3,4] + [5,6]  [Enter]
[1, 2, 3, 4, 5, 6]
```

くり返し

　算術演算子「*」はリストの要素をくり返します．以下に例を示します．

```
>>> [123] * 2 Enter
[123, 123]
```

スライス

　第9章で文字列のスライスについて説明しました．リストでも文字列と同じようにスライスが使えます．sample＝[5,6,7,8,9]として，以下に，いくつかの例を示します（それぞれのケースで，先にsample＝[5,6,7,8,9]と入力してあるものとします）．

```
>>> sample[1:5] Enter
[6, 7, 8, 9]
```

```
>>> sample[2:] Enter
[7, 8, 9]
```

```
>>> sample[:3] Enter
[5, 6, 7]
```

```
>>> sample[:] Enter
[5, 6, 7, 8, 9]
```

　それぞれの操作の詳細については，第9章のスライスの説明を見てください．最後の[:]は，リストの中のすべての要素を選択する操作となります．

10.3　文字列とリストの違い

　文字列とリストは，共にスライスの操作が使えるなど似たところがありますが，両者は本質的に異なります．一番の違いは，文字列では置換ができないことです．リストでは要素の置換ができます．word = '山田君'という文字列を使って，このことを確かめましょう．

　山田君の「君」を「様」に変えたいとします．スライスの操作でできるでしょうか？　実は，スライスをどう使ってもできません．文字列では置換ができないからです．そのため，この文字列をリストに変えてみましょう．文字列をリストに変えるには下記のようにします．

```
>>> word = '山田君' [Enter]
>>> word_list = list(word) [Enter]
>>> print(word_list) [Enter]
['山', '田', '君']
```

list() は，先ほど説明したとおり括弧内の引数をリスト化する組み込み関数です．今の場合，引数は文字列'山田君'ですから，['山','田','君']というリストに変換されました．続いて，以下のようにインデックス指定した置換操作を行います．

```
>>> word_list[2] = '様' [Enter]
>>> print(word_list) [Enter]
['山', '田', '様']
```

「君」が「様」に置き換わりました．あとは，リストの各要素を算術演算子で結合させれば'山田様'という文字列が出来上がります．文字列のままで，以上のようなインデックス指定による置換はできません．実行すると，下記のようなエラーがでるはずです．

▶文字列の"置換"
文字列で同様の"置換"を行うには，新しい文字列として代入し直すしかありません．

```
>>> word = '山田君' [Enter]
>>> word[2] = '様' [Enter]
Traceback (most recent call last):
  File "<pyshell#**>", line 1, in <module>
    word[2] = '様'
TypeError: 'str' object does not support item assignment
```

以上の例では，リスト中の一つの要素だけを置換しましたが，複数の要素をインデックス指定して，一度に置換することもできます．

```
>>> sample = [5,6,7,8,9] [Enter]
>>> sample[2:4] = [10,11] [Enter]
>>> print(sample) [Enter]
[5, 6, 10, 11, 9]
```

これは，元のリスト[5,6,7,8,9]の2番目から3（＝4−1）番目，つまり要素7と8を，10と11に一度に置換するという操作です．覚えておきましょう．ただし，このように一度に多くの置換操作を行うときは，安全のために元のリストは別の変数に代入しておいたほうがよいでしょう．

10.4 オブジェクトの identity

以上，見てきたとおり文字列とリストは似て非なるものですが，このことはオブジェクトという概念に立ち返るとよく分かります．第9章で説明したように，Python で使われる値はすべてオブジェクトですが，値の同じ2つの文字列が同一オブジェクトと見なされるのに対して，値の同じ2つのリストは違うオブジェクトと見なされます．このことを確かめてみましょう．

▶オブジェクト
オブジェクトについては第14章も参照のこと.

```
>>> a = 'yamada'  Enter
>>> b = 'yamada'  Enter
>>> a is b  Enter
True
```

```
>>> a = [1,2,3]  Enter
>>> b = [1,2,3]  Enter
>>> a is b  Enter
False
```

a is b というのは，オブジェクトaとオブジェクトbに割り振られたコンピュータ上の"管理番号"を比較する式です．つまり，この番号が同じなら True，異なるなら False となります．上の例から分かるとおり，文字列では値（'yamada'）が同じならば，オブジェクトとしては同一であることを意味します．一方，リストでは値（[1,2,3]）が同じでも，オブジェクトとしては別のものということになります．

これは，オブジェクトの identity という性質です．ここではこれ以上立ち入りませんが，文字列とリストが全く異なるものであることが分かると思います．

10.5 リストで使うメソッド

ここでは，リストで使うメソッドをいくつか紹介します．第9章で紹介したしたとおり，メソッドは「オブジェクト.メソッド(引数)」のように表記して使います．以下で具体的な使い方を見ていきましょう．

append

append は，リストに要素を追加します．リストが空でも，append を使えば要素を追加できます．

```
>>> sample = [1,2,3,4]  Enter
>>> sample.append(5)  Enter
>>> print(sample)  Enter
[1, 2, 3, 4, 5]
```

extend

extend は，リストに別のリストを追加します．

```
>>> sample = [5,6,7]  Enter
>>> add_list = [8,9,10]  Enter
>>> sample.extend(add_list)  Enter
>>> print(sample)  Enter
[5, 6, 7, 8, 9, 10]
```

sort

sort は，リストの要素をソーティングして並べ替えます．

```
>>> name = ['a','d','b','c']  Enter
>>> name.sort()  Enter
>>> print(name)  Enter
['a', 'b', 'c', 'd']
```

リストから要素を削除する

リストから要素を取り除く方法はいくつかあります．順に見ていきましょう．

(1) pop

pop は，インデックス指定した位置の要素を取り出すことで，リスト中から除きます．例を見ながら確認しましょう．

```
>>> name = ['osaka','nagoya','tokyo']  Enter
>>> x = name.pop(1)  Enter
>>> print(x)  Enter
nagoya
>>> print(name)  Enter
['osaka', 'tokyo']
```

pop(1) により，リスト（name）の1番目の'nagoya'が取り出されます．最初の出力（print）は取り出された要素（'nagoya'），2つ目の出力は変更されたリスト（'nagoya'が取り除かれたもの）が表示されています．

(2) del

del はメソッドではありませんが，要素を削除することでリスト中から除きます．削除する要素はインデックス指定します．

```
>>> name = ['osaka','nagoya','tokyo']  Enter
>>> del name[1]  Enter
>>> print(name)  Enter
['osaka', 'tokyo']
```

複数の要素を一度に削除したい場合は，スライスの操作と組み合わせてdel を使います．

```
>>> name = ['osaka','nagoya','tokyo']  Enter
>>> del name[1:3]  Enter
>>> print(name)  Enter
['osaka']
```

(3) remove

remove は，要素の位置ではなく値を指定して取り除きます．

```
>>> name = ['osaka','nagoya','tokyo']  Enter
>>> name.remove('nagoya')  Enter
>>> print(name)  Enter
['osaka', 'tokyo']
```

split

split は，空白で区切られた文字列からなる文のようなものをリスト化します．

```
>>> sentence = 'I am a student'  Enter
>>> wlist = sentence.split()  Enter
>>> print(wlist)  Enter
['I', 'am', 'a', 'student']
```

なお，区切りはスペースである必要はありません．日本語の文では，全角の空白が区切りになっていることがあるので区切りコードを指定しないとうまくいきません．区切り文字（delimiter）としてどんな文字を指定しても構いません．以下は'-'を指定した例です．

```
>>> s = 'I-am-a-teacher' Enter
>>> delimiter = '-' Enter
>>> wl = s.split(delimiter) Enter
>>> print(wl) Enter
['I', 'am', 'a', 'teacher']
```

例題

以下の文字列を，全角ピリオド「．」を区切り記号としてリスト化するコードを書いてみましょう．

【文字列】
今日は晴れていますね．京都に行きませんか．駅で待ち合わせしましょう

以下に，解答例をしまします．

ソースコード **10.2**　delimiter.py

```
1 s = u'今日は晴れていますね.京都に行きませんか.駅で待ち合わせしましょう'
2 delimiter = '. '
3 v = s.split(delimiter)
4 print(v)
```

結果は，以下のようになりましたか？

```
[' 今日は晴れていますね', ' 京都に行きませんか', ' 駅で待ち合わせしましょう']
```

join

joinは，リスト中にある文字列を結合します．これにも区切り文字の指定が必須です．

```
>>> s2 = ['Let's','talk','now']  Enter
>>> delimiter = '*'  Enter
>>> w = delimiter.join(s2)  Enter
>>> print(w)  Enter
Let's*talk*now
```

reverse

reverse は，リストの要素を逆順に並べ替えます．

```
>>> sample = [1,2,3,4,5]  Enter
>>> sample.reverse()  Enter
>>> print(sample)  Enter
[5, 4, 3, 2, 1]
```

演習問題

　以下のテーマに沿ったプログラムを作成しましょう．

【テーマ】

csv 形式の作業日誌を読み込み，日次および月次の作業成果を別の csv ファイルに書き出すシステムを作成します．csv ファイル内のデータの読み込みには，第 9 章の演習問題で導入したモジュール csv を使います．作業日誌の仕様は以下のように決まっているものとします．csv の書き出しは手引きを参考にして行ってください．

【作業日誌の仕様（例）】

日付	甲の作業量	乙の作業量	丙の作業量	甲の単位	乙の単位	丙の単位
8/1	7	0	1	1	5	10
8/2	5	2.5	0.5	1	5	10
⋮	⋮	⋮	⋮	⋮	⋮	⋮
8/30	3.5	3	1.5	1	5	10
8/31	4	1	3	1	5	10

作業には甲 / 乙 / 丙の 3 種類があり，毎日どの作業にどれほど費やしたか（作業量）が記されています．各作業には難易度に応じて "単位" があり，作業成果はそれぞれの作業量 * 単位を足し合わせて算出します．

【手引き】

▶ファイルの書き出し
csv ファイルに書き出す場合にも，モジュール csv を使います．メソッド writer を for 文とともに用いることで，行ごとに，各値をリスト形式で書き出すことができます．

▶読み込みの際の注意
csv ファイルから読み込んだ値は文字列型になるため，演算をする際には浮動小数点型などに変える必要があります．読み込む際にデータ型に関するエラーが出る場合は，日付などずっと文字列として使うものを '' で挟んでおくと解消されるかもしれません．

csv ファイル（ファイル名 1）を読み取り，別の csv ファイル（ファイル名 2）に書き出すには，以下の構造を適用します．for 文の中のステートメントで，読み込んだファイルの行（row）の各値を用いた演算を行います．csv ファイルとして書き出すには，リスト形式（配列）になっている必要があります．以下では，元ファイルの 1 列目（日付）を書き出しています．

```
import csv
変数名 1 = open(' ファイル名 1.csv','r')
変数名 2 = open(' ファイル名 2.csv','w',newline='')
変数名 1_2 = csv.reader(変数名 1)
変数名 2_2 = csv.writer(変数名 2)
for row in 変数名 1_2:
    row の内部で演算を行うステートメント
    変数名 3（書き出す行）= [row[0],演算結果]
    変数名 2_2.writerow(変数名 3)
変数名 2.close()
変数名 1.close()
```

第11章

辞書のデータ型

何を学ぶか

　本章では辞書というデータ型について学びます．辞書は，前章で学んだリストに似たところもありますが，要素（値）に対応するキーを持つという特徴があります．要素とキーが，英和辞書の英語および日本語の単語の関係に当たるわけです．リストと連動させることで使える幅も広がります．しっかりと身に付けましょう．

この章の項目

11.1　辞書の作り方

11.2　辞書の操作

11.3　辞書で使うメソッド

11.4　辞書とリスト

11.1　辞書の作り方

▶辞書のデータ型
辞書のデータ型は type 関数
を使うと dict と表示されま
す．辞書はディクショナリと
も呼ばれます．

辞書は，第 10 章で学習したリストに似たデータ型です．リストと同様，複数の要素（値）からなり，それらはどのようなデータ型でも構いません．異なるデータ型の要素を交ぜることも可能です．具体例を見て確かめましょう．

> 〈辞書の例〉
>
> {'car':' 自動車','dictionary':' 辞書','apple':' りんご'}
> {'a':3,'b':1,'e':2,'k':3}
> {'apple':['fuji','Indo','macintosh'],'pear':' 西洋梨'}

リストとの違いは，括弧が{ }であることと，各要素が，

> {キー 1:値 1, キー 2:値 2, キー 3:値 3}

のように並べられていることです．各要素（値）はリストの場合と同じく，カンマで区切られていますが，それぞれにキーが割り当てられています．つまり，英単語と日本語がペアをなす英和辞書のような構造になっているのです．そして，このキーがインデックスの役割をします．リストのインデックスは整数のみでしたが，辞書では整数だけでなく文字列などのデータ型を使うことができます．一つのキーに一つの値が結ばれており，これをキーと値のマッピングと呼ぶこともあります．以下に，辞書の作成例と要素の指定方法を示します（辞書名をdic_data としています）．

▶キーのデータ型
キーで可能なデータ型につい
ては，ハッシュの項で説明し
ます．

```
>>> dic_data = {'car':' 自動車','dictionary':' 辞書'} Enter
>>> dic_data['car'] Enter
自動車
```

▶要素の出力
出力させるために，
print(辞書名 [キー])
としても構いません．

このように，辞書の中の値を取り出す（出力する）には，

> 辞書名 [キー]

のように，その値にマッピングされたキーを指定します．この例の場合，値' 自動車' を取り出すために，対応するキー'car' を指定しているわけです．リストの場合，求める要素の番号（端からの順番）が分かっていないと取り出せないので，これは辞書の利点の一つといえます．

▶リストの利点
逆に，リストの利点の一つ
は，キーを設定しなくてもよ
いことといえるでしょう．

　組み込み関数dict() を用いて辞書を作成する方法もあります．

```
>>> dic_d1 = dict(car=' 自動車',dictionary=' 辞書') [Enter]
>>> print(dic_d1) [Enter]
{'car': ' 自動車', 'dictionary': ' 辞書'}
```

このように，辞書の要素となる「キー」と「値」の組み合わせを，

```
キー ＝ 値
```

の形で指定することで辞書を作成することができます．また，以下のように，リストの形から作成する方法もあります．

```
>>> dic_d2 = dict([('car',' 自動車'),('dictionary',
    ' 辞書')]) [Enter]
>>> print(dic_d2) [Enter]
{'car': ' 自動車', 'dictionary': ' 辞書'}
```

単にdict()だけを指定すれば，空の辞書を作ることができます．

```
>>> dic_d3 = dict() [Enter]
>>> print(dic_d3) [Enter]
{}
```

ハッシュ

　リストと辞書には，もう一つ大きな違いがあります．それがハッシュです．先ほど，キーと値はマッピングされていると説明しましたが，具体的にはハッシュ値という整数値でひもづけられており，この整数値が値の格納場所を決めています．上の例では，キー「car」から求められるハッシュ値に従って「自動車」が格納されます．このような構造のため，キーのデータ型はハッシュ値に変えられるものである必要があります．具体的には，整数型や文字列型は可能ですが，リストや辞書などのデータ型は不可となります．

　このハッシュ手法には，文字の組み合わせが異なるだけの単語は同じハッシュ値になるなど，値（ハッシュ値）の衝突が起きるという問題があります．そこで，値が衝突したときには，別の格納先を割り当てる仕組みが備わっています．

　詳細は省きますが，このハッシュ手法に関しては，高速化，衝突の回避，値の分布など，いろいろな問題を解決するための研究が今も続いています．例えば，キーを用いる検索は，今では数多くのアプリケーションで使われています．ハッシュ手法を用いない検索方法もありますが，それだと全件検索をしなければならず，きわめて時間のかかる操作となります．何百万件ものキーから値を検索するのは大変なことです．Pythonで

▶キーのデータ型
ここで述べているのは，値のデータ型のことではありません．

▶値を用いる検索
辞書にも問題はあります．キーから値を求めるのはハッシュ手法を使っているので高速ですが，値からキーを求めるのは時間がかかります．これは，電話帳が名前から電話番号を見つけるようにデザインされている一方で，電話番号から名前を見つけるようにはデザインされていないのと同じです．同姓同名の名前があるような場合にも，辞書のデータ型は向いていません．このように，キーを与えても値が一意に決まらない場合，辞書のデータ型を使うには工夫が必要です．

は，辞書を使うことで，そうした問題を回避できるようにしています．

11.2　辞書の操作

では，辞書を操作する方法を見ていきましょう．

初期設定として空の辞書を作成します．上述した，dict() を使えば簡単ですね．

```
>>> w = dict()  Enter
>>> print(w)  Enter
{}
```

要素の追加

この空の辞書（辞書名はw）に要素を追加してみましょう．要素の追加は，以下のように大括弧[] を使って行います．

```
辞書名 [キー] = 値
```

具体例を見てみましょう．

```
>>> w['apple'] = 'リンゴ'  Enter
>>> print(w)  Enter
{'apple': 'リンゴ'}
```

同様に，'man':'人'，'tree':'木' を加えてみましょう．辞書の中身を見てみると，加えた順番に辞書ができているはずです．

```
>>> w['man'] = '人'  Enter
>>> w['tree'] = '木'  Enter
>>> print(w)  Enter
{'apple': 'リンゴ', 'man': '人', 'tree': '木'}
```

実は，Python3.7 よりも前のバージョンでは，この順序は必ずしも保存されませんでした．ハッシュ手法の構造から，順序が無視されていたからです．その背景には，辞書のインデックスとして通常使われるのが文字列などのオブジェクトであるため，順序が重要ではなかったことがあります．

このような経緯があるため，Python3.7 以降を使っているとしても，辞書を用いる際は，順序が保存されることを前提にした設計はやめたほうが無難でしょう．

要素の順序づけ——sorted

逆に，辞書の要素を順序づけてリスト化する方法があります．sorted()

を使えば，キーをアルファベット順に並べ直すことができます．以下は，辞書内のキーを順序づけ，for 文を使ってすべての要素を表示させるコードです．試してみましょう．

ソースコード **11.1** sorting.py

```
1 wd = {'apple': 'リンゴ', 'tree': '木', 'man': '人'}
2 for k in sorted(wd):
3   print (k,wd[k])
```

以下に実行例を示します．

```
apple リンゴ
man 人
tree 木
```

例題

任意の文字列（アルファベットの羅列）に対して，その中にある各アルファベットの個数を辞書として収めるプログラムを作ります．文字列を takeyabuyaketa としたときの辞書を出力しましょう．

以下に，解答例を示します．

ソースコード **11.2** dictcount.py

```
1 def e_counter(s):
2   wd = dict()
3   for a in s:
4     if a not in wd:
5       wd[a] = 1
6     else:
7       wd[a] += 1
8   return wd
9 rr = e_counter('takeyabuyaketa')
10 print(rr)
```

このプログラムを実行すると，以下のようになるはずです．

```
{'t': 2, 'a': 4, 'k': 2, 'e': 2, 'y': 2, 'b': 1, 'u': 1}
```

辞書内の検索

辞書の中に値があるかどうかは，その値に対応するキーを使って調べます．例えば，辞書の中に「木」があるかどうかを知りたいなら，in を使って，対応するキー'tree' があるかどうかを調べます．

```
>>> 'tree' in w  Enter
True
```

中にあれば True，なければ False が返されます.

辞書の中にないキーを指定すると，当たり前ですがエラーが出ます.

```
>>> w['orange'] Enter
KeyError:'orange'
```

このように，辞書を用いる場面では，常にキーの存在をチェックするようにしてください.

辞書の要素数（長さ）を求める

辞書に収められている要素の数（長さ）を知ることも時に重要となります.辞書の長さは len 関数で得られます.

▶**len 関数**
第 8 章参照.

```
>>> len(w) Enter
3
```

この数は，とりもなおさずキー（apple, man, tree）と値（リンゴ，人，木）のペアの数ですね.

要素の置換

辞書内の要素は置換できます.そのため，要素の変更が生じたとしても，新しい辞書を新たに作る必要はありません.以下のような辞書w を作って試してみます.

w = {'apple':' リンゴ','orange':' みかん'}

ここで，apple の対になる値（リンゴ）に，別の値を入れてみることにしましょう.データ型として，リストを入れてみます.以下のように代入して置換しますが，これは前述した要素の追加と基本的には同じです.

```
>>> w = {'apple':' リンゴ','orange':' みかん'} Enter
>>> w['apple'] = ['Fuji','Indo','Macintosh'] Enter
>>> print(w) Enter
{'apple': ['Fuji', 'Indo', 'Macintosh'], 'orange': ' み
かん'}
```

' リンゴ' が['Fuji', 'Indo', 'Macintosh'] に置き換わりました.

要素の削除

要素の削除には，del を使います.辞書w の中の「みかん」を削除してみましょう.それには，値「みかん」に対応するキー「orange」を削除します.

```
>>> del w['orange'] Enter
>>> print(w) Enter
{'apple': ['fuji', 'Indo', 'macintosh']}
```

辞書wの中から，みかんが削除されました．

11.3 辞書で使うメソッド

ここでは，辞書で使うメソッドをいくつか紹介します．第9章で紹介したとおり，メソッドは「オブジェクト.メソッド(引数)」のように表記して使います．以下で，具体的な使い方を見ていきましょう．

keys

keys は，辞書の中にあるすべてのキーを表示させます．

```
>>> w = {'apple':'リンゴ','man':'人','tree':'木'} Enter
>>> w.keys() Enter
dict_keys(['apple', 'man', 'tree'])
```

values

values は，辞書の中にあるすべての値を表示させます．

```
>>> w = {'apple':'リンゴ','man':'人','tree':'木'} Enter
>>> w.values() Enter
dict_values(['リンゴ', '人', '木'])
```

values を使うと，辞書の中に求める値があるかどうか判定できます．それには，values を使って辞書の中身を別の変数の中に入れ（以下のww），その上で求める値があるかどうか，前述のin を使って調べます．以下は，辞書wの中に「人」があるかどうかを調べた例です．

```
>>> w = {'apple':'リンゴ','man':'人','tree':'木'} Enter
>>> ww = w.values() Enter
>>> '人' in ww Enter
True
```

結果は，True になりました．ww は，辞書のすべての値をリスト化したものになっています．

get

　get は，辞書中の要素（値）を探すためのものです．求める値のペアと
なるキーを指定し，そのキーがあれば値を返します．なければデフォルト
値を返します．デフォルト値は引数で指定します．例を見てみましょう．

```
>>> wd = {'osaka':'nakanoshima','tokyo':'ginza'} Enter
>>> wd.get('osaka',0) Enter
'nakanoshima'
>>> wd.get('kyoto',0) Enter
0
```

　メソッドget の最初の引数は求める値のキー，2 番目はキーがない場合
に返すデフォルト値です．

　wd.get('osaka',0) では，求める値のキー'osaka' と，デフォルト値
0 を引数として指定しています．辞書wd の中にキー'osaka' はあります
から，対応する値'nakanoshima' が返されています．一方，wd.get
('kyoto',0) では，キーとして指定した'kyoto' は辞書中にありません
から，指定したデフォルト値0 が返されています．

　辞書中に求める値がなくてもエラーとはならないのがget() の利点とい
えます．

11.4　辞書とリスト

　辞書とリストのどちらを使うべきか悩む場面があるかもしれません．現
実的には辞書の値としてリストを用いるなど，両方を同時に活用するこ
とはよくあります．商品を在庫管理する例で，このことを考えてみましょ
う．

　単純に，各商品の在庫数を照会するだけなら辞書で十分でしょう．キー
を商品名（コップ，皿，茶碗），値を在庫数（順に 10 個，20 個，10 個）
とすれば，下記の要領で管理可能です．

　まずは空の辞書zaiko_dic を作り，そこに上記の情報を追加していき
ます．

```
>>> zaiko_dic = {} Enter
>>> zaiko_dic['コップ'] = 10 Enter
>>> zaiko_dic['皿'] = 20 Enter
>>> zaiko_dic['茶碗'] = 10 Enter
```

　こうして得られた辞書を使って，各商品（キー）の在庫（値）を返すプ
ログラムを作ります．

　以下は，条件式とin を用いた作成例です．

ソースコード **11.3**　dictzaiko.py

```
1 zaiko_dic = {'コップ': 10, '皿': 20, '茶碗': 10}
2 def find_zaiko_dic(product,zaiko_dic):
3   if product in zaiko_dic:
4     return zaiko_dic[product]
```

では，プログラムを実行して各商品の在庫数を確かめましょう.

```
>>> print(find_zaiko_dic('コップ',zaiko_dic)) Enter
10
>>> print(find_zaiko_dic('皿',zaiko_dic)) Enter
20
>>> print(find_zaiko_dic('箸',zaiko_dic)) Enter
None
```

3つ目の照会は，商品がないのでNone が返されています.

今度は，在庫の数字から商品を割り出すことを考えましょう. つまり，辞書を逆引きするように，値からキーを絞り込みます. これにはリストを使うのが便利です.

いろいろな方法がありますが，以下のようなプログラムを考えることができます.

ソースコード **11.4**　dictgyaku.py

```
1 def inv_zaiko(zaiko_dic):
2   inv_dic = dict()
3   for k in zaiko_dic:
4     w = zaiko_dic[k]
5     if w not in inv_dic:
6       inv_dic[w] = [k]
7     else:
8       inv_dic[w].append(k)
9   return inv_dic
```

実行してみましょう.

```
>>> print(inv_zaiko(zaiko_dic)) Enter
{10: ['コップ', '茶碗'], 20: ['皿']}
```

演習問題

　英文のテキストファイルを読み込み，テキストの中にある英単語を日本語に置き換えてファイルに書き出すプログラムを作成しましょう．英語を日本語に置き換えるための“英和辞書”は，簡易的なものを自分で作成しておきます．

第12章

タプルのデータ型

何を学ぶか

　本章ではタプルというデータ型について学びます．前章までに
学んだリストや辞書と同様に要素が並んだ構造をしていますが，
性質は微妙に異なり，要素の追加・削除・置換ができません．し
かしそのことは，時に長所にもなります．リストや辞書と連動さ
せることで多様な使い方ができます．しっかりと身に付けましょ
う．

この章の項目

12.1　タプルの性質

12.2　タプルで使うメソッド

12.3　辞書とタプル

12.4　リストとタプル

12.5　順序のあるオブジェクトをどう作るか

12.1　タプルの性質

▶タプルのデータ型
タプルのデータ型は type 関数を使うと tuple と表示されます.

　タプルは，これまでに紹介したリストや辞書と似たデータ型です．特にリストに近い性質を持っています．詳しく見ていきましょう.

〈タプルの例〉

```
(100,200,300,400)
100,200,300,400
('osaka',500,[3,55])
```

　リストとの違いは，まず，括弧が ( ) であることですが，上の例で分かるように括弧がなくてもタプルとして認識されます．ただし，タプルのデータ型であることを明示するために括弧を付けるのが普通です.

　リストと同様，タプルの要素はどのような値（データ型）でも構わず，異なるデータ型が混在していても構いません．一番下の例では，文字列と数字とリストが混在しています．要素間をカンマで区切るのもリストと同じです.

　タプルとリストの一番の違いは，タプルでは要素の追加・削除・置換ができないことです．そのため，プログラムを作成する際などに，変えたくない，あるいは変えてはいけないデータを扱う場合はタプルにしておくことで，"データの書き換えは起きない" という保証を手に入れることができます．複数のプログラマーが参加するプロジェクトでは書き換えのリスクが付き物です．リスクはあらかじめ取り除いておくことが重要です.

タプルの作成

　実際に，タプルを作成してみましょう（タプル名を tp としています）.

```
>>> tp = (1,2,3,4,5) Enter
>>> print(tp) Enter
(1, 2, 3, 4, 5)
```

　これでタプル(1, 2, 3, 4, 5) が作成されました．なお，最初に示したとおり，括弧を使わなくてもタプルを作ることはできます.

```
>>> tp = 1,2,3,4,5 Enter
>>> print(tp) Enter
(1, 2, 3, 4, 5)
```

▶データ型を調べる
データ型を調べるには，第 1 章で紹介した type 関数を使います.

　ただし，要素が一つのみのタプルを作るときは，カンマをつけなければなりません．次のように，要素が文字列一つだけのタプル tw を作り，そのデータ型を調べてみます．比較のため，括弧を付けないで作成するとどうなるかも確かめます（タプル名は tk）.

```
>>> tw = ('A')  Enter
>>> print(type(tw))  Enter
<class 'str'>
```

```
>>> tk = 'A'  Enter
>>> print(type(tk))  Enter
<class 'str'>
```

どちらも，データ型は str（文字列型）であり，タプルではありません．
では，カンマを付けてタプルを作り，データ型を調べてみます（括弧を付けないほうは皆さんで確かめてください）．

```
>>> tw = ('A',)  Enter
>>> print(type(tw))  Enter
<class 'tuple'>
```

確かに，タプルとなりました．
要素が何もない，空のタプルを作ることもできます．以下，2 通りの方法を示します（タプルになっているかは皆さんで確かめてください）．

```
>>> tp = ()  Enter
>>> print(tp)  Enter
()
```

```
>>> tw = tuple()  Enter
>>> print(tw)  Enter
()
```

上の方法は，最初に示したタプルの作成法において括弧の中を空にした場合です．一方，下の方法は，tuple() という組み込み関数を用いています．tuple() は括弧の中の値をタプルにする関数です．ここで注意したいのは，連続する文字列をタプル関数を使ってタプルにする場合です．以下の例を見てみましょう．

```
>>> wt = tuple('ABCD')  Enter
>>> print(wt)  Enter
('A', 'B', 'C', 'D')
```

つまり，文字列に対しては，文字単位のタプルが返されます．文字列のままタプルの要素とする場合は，最初に示した方法でタプルを作成します．

要素の取り出し

タプルでは，リストと同じように要素の取り出しができます．一つの要素を取り出すときはインデックスを指定します．インデックスは第 9 章で紹介したとおり，要素中の各要素の"番地"です．最初から何番目かを指定することで，その要素を取り出すことができます．

```
>>> wt = ('A','B','C','D')  Enter
>>> wt[2]  Enter
'C'
```

この例では，タプル wt の中から 2 番目の要素 'C' を取り出しています．ただし，最初が 0 番目（タプル中の 'A'）であることに注意しましょう．

要素中のある区間を取り出すときはスライスを使います．スライスも第 9 章で紹介しました．

```
>>> wt = ('A','B','C','D')  Enter
>>> wt[1:3]  Enter
('B', 'C')
```

スライスの使い方については第 9 章を確認してください．

タプルの更新

最初に説明したとおり，タプルでは要素の追加・削除・置換はできません．試しに，タプル中の 0 番目の要素 'A' を 'E' に置き換えてみます．

```
>>> wt = ('A','B','C','D')  Enter
>>> wt[0] = 'E'  Enter
TypeError: 'tuple' object does not support item
assignment
```

このように，タプルで置き換えを行おうとすると assignment（代入）ができないというエラーが出ます．どうしても置き換える必要がある場合は次のようにします．

```
>>> wt = ('A','B','C','D')  Enter
>>> wt = ('E',) + wt[1:]  Enter
>>> print(wt)  Enter
('E', 'B', 'C', 'D')
```

何をしているのか説明しましょう．1 行目で定義されたタプル（wt）に対して，2 行目では，新しいタプル（('E',)）と，1 行目で定義したタプルの 1 番目から最後までの区間の要素を取り出したものを足し合わせ，これを新たなタプル（wt）とする，という操作を行っています．つまり，要素の置換が起きているように見えますが，実はまったく新しいタプルが

できています．タプルの名前として同じものを使っているため，タプル自体が更新されたのです．このように，同じタプル名を使えば要素の更新は可能ですが，タプルそのものが変えられているわけではありません．

同様の方法を用いて，タプルの要素を更新する例を見てみましょう．

```
>>> wt = ('A','B','C','D')  Enter
>>> wt = wt + wt[1:3]  Enter
>>> print(wt)  Enter
('A', 'B', 'C', 'D', 'B', 'C')
```

タプルに対するその他の操作

タプルの要素の数を知りたいときは関数len()を使います．以下の例では，要素が6つあるという結果がきちんと返されています．

▶len 関数
第 8 章参照.

```
>>> wt = ('A', 'B', 'C', 'D', 'B', 'C')  Enter
>>> print(len(wt))  Enter
6
```

算術演算子の「*」を使うと要素をくり返すことができます．以下の例は，タプルの要素を 2 回くり返したものです．

▶算術演算子とタプル
算術演算子については第 9 章を見てください.なお,「*」や「+」を使うとタプルの要素が追加されるように見えますが,元のタプルが変わるわけではありません.

```
>>> wt = ('A', 'B', 'C', 'D')  Enter
>>> print(wt * 2)  Enter
('A', 'B', 'C', 'D', 'A', 'B', 'C', 'D')
```

タプルを使うと，複数の代入が一度にできるので便利です．以下の例では，aに1，bに2，cに3を一度に代入しています．

```
>>> (a, b, c) = (1, 2, 3)  Enter
>>> print(a)  Enter
1
```

最初に説明したとおり，代入は括弧を使わなくても可能です．

```
>>> a, b, c = 1, 2, 3  Enter
>>> print(a)  Enter
1
```

計算式と組み合わせれば，具体的な計算も可能です．

```
>>> print(a, b, c)  Enter
1 2 3
>>> print(a+b*c)  Enter
7
```

12.2　タプルで使うメソッド

ここでは，タプルで使うメソッドをいくつか紹介します．第 9 章で紹介したとおり，メソッドは「オブジェクト.メソッド(引数)」のように表記して使います．具体的な使い方を見ていきましょう．

split

split を使うと，以下の例のように文字列を分割して，それぞれを別々の変数に代入することが可能になります．

```
>>> name = '松尾　正信' Enter
>>> lname,fname = name.split('　') Enter
>>> print(lname) Enter
松尾
>>> print(fname) Enter
正信
```

ただし，文字列を区切るための空白は揃えておく必要があります．この例では，'松尾　正信'の間の空白が全角ならば，name.split('　')の'に挟まれた空白も全角である必要があります（一方が半角ならば，もう一方も半角にします）．さもなければsplit はうまく機能しません．

このsplit を用いた例を応用して，返り値をタプルに収めるようにすると，複数の返り値を持つ関数のようにできるので便利です．以下のコードを動かして確かめてみましょう．

ソースコード **12.1**　namereturn.py

```
1 def l_f_name(name):
2   lname,fname = name.split('　')
3   return lname,fname
```

このコードを実行したあと，以下のように打ち込んでさらに実行します．

```
>>> name = '松尾　正信' Enter
>>> print(l_f_name(name)) Enter
('松尾', '正信')
```

2 つの返り値（姓と名）が，タプルとしてきちんと返されていることが分かります．

可変長引数を用いた応用

先ほど，3 つの変数（a〜c）に値を一度に代入する方法を述べました．タプルを使うと，要素（変数やパラメータ）の数を固定しなくても代入や

計算が可能になります．以下の例を見てみましょう．

ソースコード **12.2**　args.py

```
1  def add_all(*args):
2    total = 0
3    for i in args:
4      total += i
5    return total
6  print(add_all(1,2,3,4,5,6,7,8,9,10))
```

実行結果は以下のようになります．

```
55
```

少し説明しましょう．ソースコード 12.2 で定義された関数add_all の
引数*args は，アスタリスクが付いているので，任意の数の値をタプルの
形で受け取ることができます．これを**可変長引数**といいます．通常は一
つの引数には一つの値しか渡すことができません．上記コード中の for 文
は，そのタプルの要素の 0 番目からすべての要素を順番に足し合わせる
設定となっています．具体的な引数は (1, 2, . . . , 10) のため，1 + 2 + · · · + 10
が計算されています（引数の要素数と要素自体の値は自由に変えられま
す）．

このように（少し脱線しましたが）タプルは，split を用いて複数の返
り値を持たせることができるほか，タプル中の任意の数の要素を使った計
算が設定できるというメリットがあります．

items

items は辞書で使うメソッドであり，辞書の要素を表示させるためのも
のですが，辞書のデータ型の中身をタプルのリスト（タプルが要素となる
リスト）にして返すものなのでここで紹介します．まず辞書を作り，それ
をタプルのリストに変えてみます．

```
>>> w_dic = {'a':'apple','b':'boy','c':'cat'}  Enter
>>> wt = w_dic.items()  Enter
>>> print(wt)  Enter
dict_items([('a', 'apple'), ('b', 'boy'), ('c', 'cat')])
```

dict_items というのは，データ型が dict_items（辞書の要素）である
ことを示しています．要素の中身を見ると，リスト内に辞書の各要素の
「キー」と「値」がタプルの要素として収められています．これに第 10
章で紹介した list 関数を用いることで，タプルのリストそのものにでき
ます．

```
>>> w_list = list(wt) Enter
>>> print(w_list) Enter
[('a', 'apple'), ('b', 'boy'), ('c', 'cat')]
```

ちなみに，このタプルのリストを元の辞書に戻すことも可能です．それには第 11 章で紹介した dict 関数を使います．

```
>>> w_dic_again = dict(wt) Enter
>>> print(w_dic_again) Enter
{'a': 'apple', 'b': 'boy', 'c': 'cat'}
```

このように辞書とタプルは相互に書き換えることができ，便利に使うことができます．

12.3 辞書とタプル

姓・名・電話番号を要素に持つ電話帳を作ることを考えます．辞書とタプルを用いることで，登録と取り出しが便利な電話帳になります．

まず辞書を使って各要素を入力していきますが，辞書は「キー」と「値」の 2 つしか要素を入れられません．そこで，姓と名をキー，電話番号を値にすることを考えます．最初に空の電話帳を作り，

```
tel_cho[lname,fname] = tel_number
```

の形（lname は姓，fname は名，tel_number は電話番号）の辞書になるよう入力していきます．このとき，姓と名の部分がタプルとなります．入力し終わったら，辞書（tel_cho）を出力して要素を確かめます．

```
>>> tel_cho = {} Enter
>>> tel_cho['yamada','taro'] = '090-333-1111' Enter
>>> tel_cho['tanaka','jiro'] = '090-333-2222' Enter
>>> print (tel_cho) Enter
{('yamada', 'taro'): '090-333-1111', ('tanaka', 'jiro'):
'090-333-2222'}
```

確かに，姓と名（タプル）がキー，電話番号が値の辞書が出来上がりました．この辞書を使って，3 つの要素を並列に出力するには，次のようなfor 文を用いるコードで可能となります．

ソースコード **12.3** dictionarytuple.py

```
1 tel_cho = {}
2 tel_cho['yamada','taro'] = '090-333-1111'
3 tel_cho['tanaka','jiro'] = '090-333-2222'
4 for lname, fname in tel_cho:
5   print(lname, fname, tel_cho[lname, fname])
```

結果は以下のように，姓，名，電話番号が並列に並ぶ電話帳となります．

```
yamada taro 090-333-1111
tanaka jiro 090-333-2222
```

12.4 リストとタプル

zip() と呼ばれる関数を使ってみます．これは，文字列とリスト（いずれも順序のあるオブジェクト）のそれぞれの要素を順番に取り出してタプルのペアとし，そのリストを作るものです．例を挙げてみます．

ソースコード **12.4** zip.py

```
1  name = 'masanobu'
2  k = [1,2,3,4,5,6,7,8]
3  z = zip(name,k)
4  for pp in z:
5    print (pp)
```

コードを見れば分かるとおり，name という名前の文字列'masanobu' と k という名前のリスト [1,2,3,4,5,6,7,8] の各要素を順番に対応させてペアを作るのがzip(name,k) です．結果は次のようになります．

```
('m', 1)
('a', 2)
('s', 3)
('a', 4)
('n', 5)
('o', 6)
('b', 7)
('u', 8)
```

これらのタプルの組み合わせをリストとして使いたければ，list() を使います．ソースコード 12.4 の最後に，インデントを付けずに次の命令を加えればリストが出力されるはずです．

```
t = list(zip(name,k))
print(t)
```

結果は次のようになるはずです．

```
[('m', 1), ('a', 2), ('s', 3), ('a', 4), ('n', 5),
 ('o', 6), ('b', 7), ('u', 8)]
```

それぞれの要素の長さが異なる場合は，短いほうの長さまでのペアができます．例えば，上記リストの要素数が3つならば，[('m', 1), ('a', 2), ('s', 3)] だけのペアとなります．

12.5　順序のあるオブジェクトをどう作るか

　順序のあるオブジェクトには，文字列，リスト，タプルがありますが，プログラミングの中でどれを選ぶべきか迷うことがあります．ここでは「置換」という観点で，それぞれの長短をまとめてみましょう．

▶これ以外の観点
「置換」以外の観点で見れば，また違った長短があります．皆さんも考えてみましょう．

文字列：第10章で紹介したとおり，文字列は置換ができません．つまり，文字列は置換されてしまう心配はありません．例えば，辞書のキーは置換不可のものしか使えないので文字列（かタプル）を選びます．逆に，文字の置換が必要な場合は文字列では不可能です．

リスト：リストは置換が可能です．置換が必要な場合はリストがベストでしょう．文字の置換が必要な場合は，文字列をリスト化して使います．しかし，書き換えが自由にできてしまうという問題もあります．

タプル：安易な置換を防ぎたいときにはタプルを選びます．逆に，タプルは置換不可能なので不便なことも多くあります．例えば，第10章で紹介したsort()やreverse()といった関数（いずれも，要素を置換するための関数）は使えません．要素の置換という課題に対してタプルは無力のようにも見えます．

　しかし，Pythonにはさまざまな問題をクリアするための方策が用意されています．例えば，sorted()と呼ばれる関数があります．これは，どの順序列のオブジェクトでも並べ替えをして新しいオブジェクト（リスト）を作る関数です．また，reversed()と呼ばれる関数もあります．これは順序列を逆にたどることのできるくり返し構造を作成してくれます．sorted()を試してみましょう．

```
>>> t = (4,3,5,8,2) Enter
>>> y = sorted(t) Enter
>>> print(y) Enter
[2, 3, 4, 5, 8]
```

　値はタプルではなくリストの形に変わってしまいましたが，要素が小さい順に並べ替えられました．

　以下の例題のために，reversed()についても学んでおきましょう．次のプログラムは，リスト[1,2,3,4,5]の要素の順番が逆になるようにしたものです．

ソースコード **12.5**　reversed.py

```
1 t = [1,2,3,4,5]
2 r = reversed(t)
3 w = []
4 for k in r:
5   w.append(k)
6 print(w)
```

結果は次のようになります.

```
[5, 4, 3, 2, 1]
```

▶メソッド **append**
プログラム中で使われている
メソッド append については
第 10 章参照.

┌─ 例題 ─────────────────────

reversed() を使って，タプルt = (4,3,5,8,2) の要素の順番を逆
にするプログラムと，その結果がリストになるプログラムを作りま
しょう．どちらのほうが簡単でしょうか.

以下に，それぞれの解答例を示します．結果は，皆さん自身で確かめて
ください.

ソースコード **12.6**　reversedtuple.py

```
1 t = (4,3,5,8,2)
2 ww = tuple()
3 r = reversed(t)
4 for k in r:
5   ww = ww[0:]+(k,)
6 print(ww)
```

ソースコード **12.7**　reversedlist.py

```
1 t = (4,3,5,8,2)
2 r = reversed(t)
3 w = []
4 for k in r:
5   w.append(k)
6 print(w)
```

演習問題

以下のテーマに沿ったプログラムを作成しましょう.

【テーマ】

自動車修理の会社で管理するユーザー情報を記した csv 形式のファイルに, 項目をまとめて書き込むプログラムを作成します. ユーザー情報の仕様は以下のように決まっているものとします. また, 書き込む前の各項目はタプルの形になっているとし, 手引きの方法で書き込むことにします.

【ユーザー情報の仕様（例）】

No.	氏名	連絡先	自動車 No.	プレート No.	車種	型年	売上日
1	山田	東京	000021	1234	セダン	19**	8/1
2	田中	埼玉	000055	5678	バン	20**	5/1
⋮	⋮	⋮	⋮	⋮	⋮	⋮	⋮

【手引き】

第 10 章の演習問題で学んだ csv ファイルへの書き込み方法を応用します. また, 読み込むタプルのデータは, 以下の形にしておきます.

```
変 数 名 = (('No.1',...,'売上日1'),('No.2',...,'売上日
2'),...,('No.n',...,'売上日n'))
```

第 13 章

データの読み書き

何を学ぶか

　本章では，ファイルを使ったデータの読み書きの方法を説明します．すでにこれまでの章で簡単な説明はしましたが，保存場所を指定することや，出力形式のフォーマットを揃えることなど，知っておくと役立つこととともに紹介します．ファイルの読み書きはプログラミング以前の基本ですので，しっかりと身に付けましょう．

この章の項目

13.1　データの書き込み──write

13.2　ファイルの読み込み──read

13.3　フォーマットを指定する方法

13.4　例外処理の方法

13.5　pickle モジュール

▶ファイルシステム
保存媒体は，ハードディスク，バックアップ装置，フラッシュメモリなどいろいろありますが，どれも基本的にファイルシステムで管理されています．

大切なデータはプログラムが終了したとたんに消えてしまわないよう保存する必要があります．データを保存するには，ファイルシステムを利用するか，データベース管理システムを利用します．本書では，自分の PC 中のディレクトリ（フォルダ）に保存する方法を紹介します．

13.1　データの書き込み――write

第 5 章でファイルの読み書きについて簡単に紹介しました．ここでは，IDLE を使いながら，データを書き込むときにファイルを新たに作成，あるいは上書きしていく様子を見ていきます．まず，ファイルを open 関数を使って作成しましょう．ファイル名は my_file_name.txt とします．

▶open 関数
open 関数 open() はファイルを開くための組み込み関数です．

```
>>> wf = open('my_file_name.txt','w')  Enter
>>>
```

ここで，wf は open 関数の結果が戻される値（戻り値あるいは返り値）が代入される変数です．open 関数の括弧内の左側にデータを書き込むためのファイル名を書きます．右側のパラメータ'w' は書き込みのモードであることを表しています．これについては後述します．

▶関数の結果
第 5 章では，write_file という変数名を使っていました．

この一文によって my_file_name.txt というファイル（元々はなかったもの）が新たに作られます．ただし，このようにファイルを作成，あるいは指定するときは，まずこのプログラムがどのディレクトリにあるかを知っておく必要があります．ファイルとプログラムが同じディレクトリにあるならパスを指定する必要はありませんが，異なるときは必要です．

▶ファイルがある場合
my_file_name.txt というファイルが元々存在する場合は，そのファイルが開きます．

いま動かしているプログラムがどのディレクトリにあるかは，以下のようにして知ることができます．

```
>>> import os  Enter
>>> os.getcwd()  Enter
'C:\\Users\\matsu>'
```

import については，第 2 章で紹介しましたが，これは Python に備わっているさまざまなモジュールを呼び出すための命令です．モジュール os は，ファイルやディレクトリの場所を探したり，指定したりできるようにするためのものです．このモジュールをまずは呼び出し，メソッド getcwd を使って，今いる場所を出すよう命令したところ，'C:\Users\matsu>' であると返してきました．つまり，プログラムはこの場所で動いていることになります．ちなみに，いま作ったファイルの場所を知りたい場合は，

```
os.getcwd('my_file_name.txt')
```

とすればよいでしょう．なお，データを書き込む前に，指定したファイル

があるかどうかをまずチェックしたときには,

　os.path.exists('my_file_name.txt')

あるいは,

　os.path.isfile('my_file_name.txt')

とします. ファイルがすでに存在すれば True を返しますが, なければ False を返します. 覚えておきましょう.

　さて, ファイルが作られる場所は, 皆さんの環境によりまちまちのはずです. そこで, 場所を指定してファイルを作りたい場合は下記のようにします. 例えば,

　C:\home\matsu>

という場所に作りたいなら, open 関数内の記述は,

　'C:\\home\\matsu\\my_file_name.txt'

のようにパスを付けて書きます. ただし, パス内の区切り\は, \\のように2つ重ねることに注意しましょう. 以下では, パスを省略して説明します. このファイルに文章を書き込んでみましょう.

```
>>> wf = open('my_file_name.txt','w')  Enter
>>> data = '雨が降っています. 家で遊びましょう. \n'  Enter
>>> wf.write(data)  Enter
```

　これで「雨が降っています. 家で遊びましょう.」という文がファイルに書き込まれます. writeはwfに文章を書き込むためのメソッドです.

　この例では文章をdataに代入してから書き込んでいますが,

　wf.write('雨が降っています. 家で遊びましょう. \n')

としても構いません. 文章の最後に付けている\n は改行マークです. つまり, 文章を1行単位の書き込みにするときに必要となります. これがないと, 書き込まれるデータの行単位の区切りがなくなり, 一つの長い文字列になってしまいます. さらに文章を追加していきましょう.

▶改行マーク
改行マークを含む特殊記号については第4章参照.

```
>>> data2 = 'そうしましょう. \n'  Enter
>>> wf.write(data2)  Enter
```

　これにより,「そうしましょう.」という文が1番目の文の続きとして書き込まれます. このようにwf.write() をくり返してデータを順番に書き込んでいきます. 最後のデータを書き込んだあとは必ず,

```
wf.close()
```

を付けるようにしてください．これでファイルが閉じられます．

　ところで，open 関数内の右側のパラメータには，次のようにいろいろ
なものが入れられます．

▶w モードの注意点
w モードで既存のファイル
を開くと，それまでに入って
いたデータは消えてしまいま
す．このように，モードごと
に気を付けるべき点があるの
で調べてみましょう．

パラメータ	意味
'r'	読み込み（デフォルト）
'w'	書き込み（上書き）
'x'	新しいファイルのときのみ書き込み
'a'	ファイルがあれば最後に追加
'b'	バイナリ形式
't'	テキスト形式（デフォルト）
'+'	読み込みと書き込み（更新）

　デフォルトというのは，パラメータを指定しない場合に自動的に選ばれ
るモードです．自分で試してみましょう．

13.2　ファイルの読み込み──read

　今度は，すでにあるファイル（先ほど作った my_file_name.txt）の中
身を読み込んでみます．この場合も，まずは open 関数でファイルを開き
ます．第 2 パラメータは 'w' の代わりに 'r' モードにします．そして，今
度はメソッド read を使って戻り値を得てから出力します．

▶IDLE を使った読み込み
第 5 章でもファイルの読み
込みについて説明しました．
ここでは IDLE を使った方法
を解説します．
▶読み込みモード
前節の表で紹介したとおり，
読み込みモードはデフォルト
で設定されているため，2 つ
目のパラメータを指定しない
場合は自動的に読み込みモー
ドとなります．確かめてみま
しょう．

```
>>> wf = open('my_file_name.txt','r') Enter
>>> s = wf.read() Enter
>>> print(s) Enter
雨が降っています．家で遊びましょう．
そうしましょう．
```

　この場合も，最後にファイルを閉じることを忘れないでください．

　ファイル内のデータを 1 行単位で読み込む場合は readline() を使います．

```
>>> wf = open('my_file_name.txt','r') Enter
>>> s = wf.readline() Enter
>>> print(s) Enter
雨が降っています．家で遊びましょう．
```

　また，ファイル内のデータをリスト形式で読み込む readlines() もあ
ります（これは第 5 章でも紹介しました．自分で確かめてみましょう）．
これらもよく使われる読み込みのための関数です．あわせて覚えておきま
しょう．

13.3　フォーマットを指定する方法

　ファイルに書き込む内容は文字列型（str）でなければなりません．数字などの他の型は，str(10) のように文字列型に変換する必要がありますが，ファイルの内容を出力する際に，数字のデータと組み合わせて表示させたい場合があります．このように書式のフォーマットを揃えたい場合，以下のように%を使う方法があります．

▶データ型
データ型については第 3 章参照.

```
>>> mg = 90  Enter
>>> my = '数学の点数は %d' % mg  Enter
>>> print(my)  Enter
数学の点数は 90
```

　最終的に「数学の点数は 90」という文字列になり，整数 90 は文字列に変換されました．その際，90（整数型）を置く場所に%dという指定をしています．これは，文字列に変換すべきデータが整数型であることを示しています．2 つ目の%以下が，%d の場所に置く整数型の値です．
　置き換えるデータが 2 つある場合には，以下のようにします．

```
>>> mg = 90  Enter
>>> eg = 80  Enter
>>> my = '数学は %d 点で英語は %d 点です' % (mg,eg)  Enter
>>> print(my)  Enter
数学は 90 点で英語は 80 点です
```

　値が 2 つある場合は，タプルを使って順番に指定します．なお，% のあとに付ける文字は，文字列に変換したいデータ型によって異なります．詳細は省きますが，%g は浮動小数点数型，%s は文字列型です．

▶%を使うフォーマット変換
これ以外のデータ型については皆さんで調べてみましょう.

format

　上述したフォーマット変換は，メソッドformat を使っても行えます．

```
>>> mg = 90  Enter
>>> eg = 80  Enter
>>> my = '数学は{}点で英語は{}点です'.format(mg, eg)
Enter
>>> print(my)  Enter
数学は 90 点で英語は 80 点です
```

　あわせて覚えておきましょう．

13.4　例外処理の方法

　プログラムにエラーは付き物です．特にファイルを扱う場合，上述のとおりファイルの閉じ忘れなど，さまざまなエラーが起きがちです．そこで，第 5 章で紹介した例外処理（try-except 文）を使って，こうしたエラーが生じても中断することなくプログラムを終了させることを考えます．
　もう一度，try-except 処理の構造を書いておきます．

▶**try-except 処理の構造**
第 5 章で紹介したものよりも一般的な表現にしています．

```
try:
    statement_block1
except:
    statement_block2
```

　ここで，statement_block1 は，このプログラムの本体といえる部分です．この部分に問題がなければよいのですが，エラーが生じた場合に statement_block2 が実行されます．では，第 5 章の復習を兼ねて次の例題に挑戦してみましょう．

例題

以下のソースコードの一部（間違いが含まれています）を実行したときに，このコードが仮に正しく実行された場合は「正しく書き込みました」，実行されなかったときは「エラーが起きました」と表示されるプログラムを作りましょう．

```
ff = open('sample_file.txt','w')
for zaiko in zaikos:
  ff.write(str(zaiko) + '\n')
ff.close()
```

　以下に解答例を示します．

ソースコード **13.1**　tryexcept3.py

```python
1 try:
2   ff = open('sample_file.txt','w')
3   for zaiko in zaikos:
4     ff.write(str(zaiko) + '\n')
5   print ('正しく書き込みました')
6 except:
7   print ('エラーがおきました')
8 finally:
9   ff.close()
```

　皆さんの中には break 文を使った方もいるかもしれません．もちろん，それも正解です．この解答例では，finally という分岐を使いました．

これは，try と except どちらのステートメントに行くにしても，最後に必ずこのステートメントを実行するというものです．これを入れておけば，ファイルを閉じずにこのプログラムが終わることはありません．覚えておきましょう．

with 文

ファイルの閉じ忘れは実は厄介なエラーです．Python が自動的に閉じてくれる場合もありますが，うまくいったりいかなかったり，状況によってまちまちです．このようなエラーは見つけにくく，対処はとても難しいものです．そうした問題を防止するための構造が with 文です．with 文の構造を以下に示します．

```
with expression as name:
  statements
```

ここで，expression は使いたい資源（オブジェクト）を生成する処理，name はその処理の戻り値が格納される変数，statements はその資源を使ったステートメントの集まりです．このように with 文にすることで，この中で生成された資源は，ステートメントの中にある間だけ with で管理されます．ファイルの開閉という話に当てはめると，expression はファイルを開く処理であり，そのデータが name に格納されます．そして，statements の外に出るとファイルは自動的に閉じられることになります．

例題

ソースコード 13.1 を with 文を使って書き換えてみましょう．

以下に解答例を示します．

ソースコード **13.2**　with.py

```
1 try:
2   with open('sample_file','w') as ff:
3     for zaiko in zaikos:
4       ff.write(str(zaiko)+'\n')
5 except:
6   print ('エラーがおきました')
```

13.5　モジュール pickle

これまでは，私たちが日常で使う文字や文章からなるテキストファイルの保存について紹介しました．一方，コンピュータを動かすためのファイルの多くはバイナリファイルと呼ばれます．バイナリファイルとは，コン

ピュータがさまざまなプログラムを動かすためのもので，一般の人が読める
ようには書かれていません．大まかに言うなら，意味不明の文字が一直
線上に並んだ格好をしており，これをバイト列と呼びます．一見して扱う
のが困難そうですが，コンピュータ上で動かすファイルを作成，編集する
には，データをバイト列に変換して保存したり，またバイト列の状態から
元のデータに変換したりできると便利です．Python には，そのためのモ
ジュールpickle が備わっています．pickle を使ってデータをバイト列
にすることを **pickle 化**と呼びます．

▶一直線上に並んだデータ
このことを，データが直列化
したと表現します．

　例として，リスト ['a','b','c'] をpickle でバイト列にしてみましょう．
それには，メソッドdumps とセットで用います．

```
>>> import pickle  Enter
>>> list_data = ['a','b','c']  Enter
>>> ll = pickle.dumps(list_data)  Enter
>>> print(ll)  Enter
b'\x80\x04\x95\x11\x00\x00\x00\x00\x00\x00\x00]\x94
(\x8c\x01a\x94\x8c\x01b\x94\x8c\x01c\x94e.'
```

　続いて，いま求めたバイト列を元のテキストデータに戻してみます．
pickle 化されたものを元のデータに戻すことを**非 pickle 化**と呼びます．非
pickle 化するには，メソッドloads とセットで用います．

```
>>> list_again = pickle.loads(ll)  Enter
>>> print(list_again)  Enter
['a', 'b', 'c']
```

　確かに，元のリストに戻りました．モジュールpickle を Python の学び始
めの段階で使う場面は少ないと思いますが，頭の隅に入れておきましょう．

──例題──

タプル(4,3,5,8,2) を pickle 化してテキストファイルとして保存す
るプログラムを作り，そのデータを読み出してみましょう．

以下に解答例を示します．

ソースコード **13.3**　pickle.py

```
1 import pickle
2 data = (4,3,5,8,2)
3 pickle_data = pickle.dumps(data)
4 with open('binaryfile.txt','w') as ff:
5   wdata = ff.write(str(pickle_data))
6   print(wdata)
```

このプログラムを実行すると，`binaryfile.txt` というテキストファイル
が，このプログラムと同じディレクトリ内にできているはずです．中身が，
`b'\x80\x04\x95\x0e\x00\x00\x00\x00\x00\x00\x00(K\x04K\x03K`
`\x05K\x08K\x02t\x94.'` というテキストになっていることを確認しまし
ょう．

演習問題

　第 12 章の演習問題で作成したユーザー情報の csv ファイルの各行（レコード）を pickle 化して別の csv ファイルに保存し，その保存されているデータから各項目を検索できるプログラムを作成しましょう．

第 14 章

モジュールとクラス

何を学ぶか

　Python はオブジェクト指向のプログラミング言語に分類されます．本章では，そのコンセプトの中核をなす，モジュールとクラスについて順を追って説明していきます．少し難しい話になりますが，これまでに出てきたオブジェクトやメソッドといった概念が，より理解できるようになるはずです．頑張ってついてきてください．

この章の項目

14.1　なぜモジュールは必要なのか？

14.2　モジュールの基本

14.3　名前空間とオブジェクト

14.4　クラス──オブジェクトを作る仕組み

14.5　クラスと特殊メソッド

14.1　なぜモジュールは必要なのか？

　モジュールについては，第 2 章で簡単に紹介しましたが，ここで改めて解説しましょう．

　モジュールとは，プログラムを共有して再利用できるようにするためのコンセプトです．第 2 章でも見たように，その実体は Python のプログラム（コード）です．Python にはモジュールとして多くのコードが保存されており，自由に再利用できます．これにより，あるコードを使うたびに，同じものを書き直す手間が省けます．また，モジュールを使うことで大きなプログラムを小さなサイズにすることができます．よく使うコードを共有することで，プログラム全体をコンパクトにできるのです．

14.2　モジュールの基本

　モジュールの使い方の基本を押さえておきましょう．ここでは自作のモジュールを呼び出して使ってみることにします．自作のモジュールを使うことで，モジュールがどこに保存されていてもパスを使って呼び出せることを実感しましょう．

　呼び出すモジュールに「py」という拡張子を付けて保存します．上述のとおり，モジュールの実体はコードです．そのコードを含んだファイルに名前を付けることにより，その名前にモジュールオブジェクトが格納されます．モジュールを呼び出すには import や from，あるいは reload を使って以下のように指定します．

▶オブジェクト
オブジェクトについては後述します．

```
import モジュール名
```

　実際に，一連の作業を体験してみましょう．まずは，入力した言葉をそのまま出力するモジュールを作ります．その中身は displayname という関数を定義するものです．

ソースコード **14.1**　sample1.py

```
1 def displayname(n):
2   print (n)
```

このモジュールに，sample1.py というファイル名を付けて保存します．このファイル名にモジュールオブジェクトが格納されます．つまり，このモジュールを呼び出すときには，import sample1 と指定します．

　次に，このモジュールを呼び出す操作をしてみます．以下のファイルを新たに作り，sample1.py と同じフォルダに保存しましょう．

ソースコード **14.2**　sample2.py

```
1 import sample1
2 sample1.displayname('Python')
```

このファイルは，上で作ったモジュールsample1を呼び出し，出力する言葉として「Python」を入力するコードです．つまり，このsample2.pyを動かせば，Pythonと出力されるはずです．

　モジュールはfromを使っても呼び出すことができます．ただしfromは，モジュールの中の一部の機能（関数など）だけを呼び出します．モジュールによっては複数の関数を備えているため，通常は必要な関数だけに絞って呼び出すことになります．呼び出し方は，以下のようにします．

> from モジュール名 import 一部の機能（変数や関数）

　今回のモジュール（sample1）には，機能となるものが一つ（displaynameという関数）しかないため，次のような呼び出し方となります（今度は「Pascal」と出力するように変えています）．実際に動かしてみましょう．

ソースコード **14.3**　sample3.py

```
1 from sample1 import displayname
2 displayname('Pascal')
```

ワイルドカード

　実は，fromを使って次のようにモジュールを呼び出すと，モジュール内のすべての機能を呼び出すことができます．*はワイルドカードといいます．以下の例題を解いて，使い方を確かめましょう．

> from モジュール名 import *

例題

ソースコード 14.1 に，変数を定義する一文：gname = 1 を追加したファイルsample1a.py を用意します．このモジュール内のすべての定義をワイルドカードで読み込み，関数displayname で All と表示させ，かつgname の値を表示させるプログラムを作りましょう．

　以下に解答例と実行結果を示します．

ソースコード **14.4**　sample1b.py

```
1 from sample1a import *
2 displayname('All')
3 print(gname)
```

```
All
1
```

▶sample1a.py
sample1a.py は，p.154 に掲載しています．

リロード——reload

　モジュールを実行中にモジュールの内容を変更しても反映されません．変更内容を反映するには，モジュールを再度呼び出して実行，すなわちリロードする必要があります．それには**reload**というメソッドを使います．メソッド**reload**は**importlib**というモジュールにひもづけられています．このことを頭に入れながら，下記のモジュール「reloading.py」を使ってリロードをしてみましょう．

ソースコード **14.5**　reloading.py

```
1  def showname():
2    print ('Today')
```

　まずは，このモジュールを IDLE を使って実行します．

```
>>> import reloading Enter
>>> reloading.showname() Enter
Today
```

　このモジュールが動いている状態で，モジュールの内容を Today から Tomorrow に変えてみます．その状態でもう一度，IDLE 上で以下のように実行します．

```
>>> reloading.showname() Enter
Today
```

　モジュール内の変更は反映されていません．そこで，メソッド**reload**の出番です．

```
>>> import importlib Enter
>>> importlib.reload(reloading) Enter
<module 'reloading' from 'C:\\***\\reloading.py'>
>>> reloading.showname() Enter
Tomorrow
```

　まず，1 行目で**importlib**を import したあと，2 行目でメソッド**reload**を実行しています．こうすることで，モジュール（reloading.py）の値がリロードされます．4 行目で，先ほどと同様に再度，このモジュールを実行すると，今度は Tomorrow と更新された内容が表示されます．

　なお，メソッド**reload**を使うには，モジュールがすでに import されていなければならないことに注意しましょう．reload を使うことにより，例えば開発段階でアプリケーションを停止することなく，修正したモジュールをテストすることができます．

▶メソッド **reload**
ネットワークのサーバにアクセスしたいときなどに，このメソッドは役に立ちます．

モジュールが異なるフォルダに存在する場合

上述のモジュール「sample1.py」が別のフォルダにある場合，パス（フォルダ）を指定して呼び出す必要があります．例えば一つ下の階層のフォルダにあるモジュールを呼び出すことを考えましょう．呼び出す側のファイルを「sample4.py」とし，それと同じフォルダ内に「second」フォルダがあって，その中に「sample1.py」があるとします．実はこのときもfromを使います．指定の仕方は以下のようになります．

> from モジュールがあるフォルダ名 import モジュール名

ただし，モジュールを呼び出すファイル「sample4.py」があるフォルダと，呼び出されるモジュール「sample1.py」があるフォルダ（secondフォルダ）の両方に「__init__.py」という名前のファイルを置きます．その上で，sample4.py を以下のように記述します．

ソースコード 14.6　sample4.py

```
1 from second import sample1
2 sample1.displayname('Python')
```

このファイルを実行し，Python と表示されるか試してみましょう．

14.3　名前空間とオブジェクト

ここまでの内容を名前空間という概念を使って大まかに考えていきます．

コードの最初で，import もしくはfromを使ってモジュールを呼び出しました．モジュールが実行されると，メモリ上のとある場所に，そのモジュールの作業領域がモジュール名とともに割り当てられます．他のモジュールが実行されると，また別の場所に，そのモジュールの作業領域がモジュール名とともに割り当てられます．そうした作業領域のことを名前空間といいます．つまり，各モジュールの作業領域が重複しないようにする仕組みが名前空間の本質であるといえます．

さて，モジュールが変数や関数を定義するコードの集まりであることは上述しました．実は，これらの要素の実体は，メモリ上に割り当てられる単なるデータにすぎません．それをオブジェクトと呼びます．つまり変数や関数などはすべて，このようなデータでありオブジェクトです．これらの変数や関数は，具体的な名前（変数名や関数名）とともに定義され，値が与えられます．名前とは，それ自身のデータが存在するメモリ上の場所を指し示すものであり，これにより名前，ひいてはオブジェクトとメモリ上のデータに対応関係が付けられることになります．

一般にプログラムは，何かしらの計算を PC にさせるために作られます

▶異なる階層のモジュール
モジュールが異なる階層にあることと，モジュールが別のフォルダ中に収められていることはある意味同じです．このときのモジュールを含んだフォルダをパッケージと呼びます．ただし，パッケージには__init__.py ファイルが含まれている必要があります．さらに，パッケージと開発系ツールなどをひとまとめにしたものをライブラリと呼びます．第 2 章で紹介した標準ライブラリがまさにこれにあたります．

▶__init__.py ファイル
その中身は空で結構です．

が，それには変数や関数を使う必要があります．変数や関数を定義すること，つまりオブジェクトを作ることは，プログラミングそのものといえるわけです．そして，関数や変数には必ず名前を付けなければなりません．名前が付けられてはじめて，プログラミングができるのです．

　このときに重要となるのが，変数や関数などのオブジェクトがメモリ上できちんと区別される（名前の衝突が起きない）ことです．実際，名前空間の概念を用いる Python では，あるモジュールで定義される変数名や関数名などのオブジェクト名は，そのモジュールの名前空間の中ではユニークな値を取ることができるようになっています．

　オブジェクトについては，第 9 章でも簡単に紹介しました．PC 上で行われるあらゆる作業は，メモリ上のアドレスに割り当てられて処理されます．ですから，あらゆるものがオブジェクトであるといえるわけです．その仕組みを支えているものの一つが名前空間なのです．

　では，名前空間が割り当てられる様子を見ていきましょう．まず上述の例題で用いた「sample1a.py」を基にして考えます．

ソースコード 14.7　sample1a.py

```
1  gname = 1
2  def displayname(n):
3    print (n)
```

　このモジュールが import で呼び出されて実行されるとき，sample1a という名前空間が空のモジュールオブジェクトとして生成されます．その後，モジュール中のコードが上から順番に実行されていきます．上のコードでは，gname という変数名と def で定義される関数名がモジュールオブジェクトの**属性**として生成されます．第 9 章で簡単に触れましたが，属性とは，あらゆるオブジェクトがそのデータ型にひもづけられた演算子や関数を持つことをいうのでした．つまり，モジュールの中の変数や関数は（これらはいずれもオブジェクトです），そのモジュールオブジェクトの属性ということになります．

　もう一つの例を見てみましょう．以下のモジュールを import で呼び出して実行すると，いま述べたことが理解できるはずです．

▶属性
本書では，データを格納する変数オブジェクトの属性と，計算処理を行う関数オブジェクトの属性を，共に属性と呼ぶことにします．

ソースコード 14.8　sample1c.py

```
1  print ('begin')
2  import os
3  def function1():
4    print ('A')
5  def function2():
6    print ('B')
7  myname='Pascal'
8  print ('end')
```

import すると，最初の行のbeginと最後の行のendが出力されます．

```
begin
end
>>>
```

つまり，sample1c という名前空間のモジュールオブジェクトが作られたあと，このコードが上から順に実行されたわけです．さらに次のような入力に対して，以下のように出力が得られるはずです．

```
>>> print (sample1c.myname) [Enter]
Pascal
>>> print (sample1c.function1()) [Enter]
A
```

この結果から，このモジュール内の変数オブジェクトmynameと関数オブジェクトfunction1 も，モジュールオブジェクトの属性として生成され，値が出力されていることが分かります．

なお，属性の関係は以下のようになります．

```
オブジェクト名. 属性のあるオブジェクト名
```

「属性のあるオブジェクト名」として，本書ではこれまで「メソッド名(引数)」が入る多くの例を紹介しました．使われ方を見返してみましょう．

なお，名前空間には面白い性質があります．いったんモジュール名が名前空間に割り当てられると，その後のimport やfrom の役割は，すでに呼び出されたこのモジュールを他のプログラムとくっつけておくだけとなります．上述のリロードの話の中で，一度呼び出したモジュールの変更が反映されなかったのは，名前空間が固定されていたためといえます．

さて，import とfrom には，名前空間の割り当て方に違いがあります．import はモジュールオブジェクトのすべてを一つの名前空間に割り当てます．一方，from は別のモジュールの同じ名前のオブジェクトに対して異なる名前空間を割り当てるとともに，共有するオブジェクト要素をリンクさせます．ところが，これはフェッチされている名前を再度割り当てることになり，import した元のオブジェクトを変化させる危険があるので注意が必要です．

以下の例は，from で読み込まれたモジュールオブジェクトが変化してしまう例です．

ソースコード **14.9**　sample5.py

```
1 a = 1
2 b = [1,2,3]
```

　　まず，上のコードを用意してから次のコードを実行すると，以下の結果
となります．

ソースコード 14.10　sample6.py

```
1 from sample5 import a,b
2 a = 11
3 b[1] = 33
4 import sample5
5 print (sample5.a)
6 print (sample5.b)
```

```
1
[1, 33, 3]
```

　　変数 a と b は，ソースコード 14.9 と 14.10 の両方のモジュールの中で値
が定義されています．a のほうは全く違う値，b のリストほうは 2 つ目の
値だけが変えられて残りは共有しています．出力結果 a の値が 1 となって
いるのは，sample5.py のモジュールオブジェクトの属性となっているか
らです．試しに，print(a) というコマンドを sample6.py に入れて実行
すれば，a の値が 11 と出るはずです．つまり，同じ a でも別の名前空間
の中で割り当てられた名前であることが分かります．一方，b についても
同様に print(b) というコマンドを sample6.py に入れて実行すると，[1,
33, 3] という結果になります．元の b は値が変化してしまっているのです．
これは名前の衝突が起きた例です．

　　ここからいえるのは，先述したワイルドカードは使わないほうが無難だ
ということです．なぜなら，プログラム中で新たに定義した変数の中に，
呼び出した変数や関数と同じ名前のものがあり，割り当ての衝突が起きる
可能性があるからです．覚えておきましょう．

14.4　クラス——オブジェクトを作る仕組み

　　これまでの説明により，Python の中でオブジェクトがどのように計算
に関わっているかが何となく分かったでしょうか．ここからは，そうした
オブジェクトを作り出す仕組みについて見ていきます．

　　結論から言うと，オブジェクトはクラスという概念から作られます．つ
まり，変数や関数などのオブジェクトを定義する際，実はそのオブジェク
トに見合ったクラスからオブジェクトが作られています．このように，プ
ログラミングにおいてクラスから新しいオブジェクトを作り出す形式をオ
ブジェクト指向プログラミングといいます．

　　実は，皆さんはすでにクラスからオブジェクトを作り出す例にたくさん
触れてきました．文字列型や整数型などの「データ型」が，まさにクラス
そのものなのです．例えば，値が整数をとる変数オブジェクトを作りたい

のであれば，プログラムの中で次のように定義します．

```
変数名 = 具体的な値
```

▶変数の定義
これは第3章で紹介した代入のステートメントにほかなりません．

　これは，ごく普通に変数を定義して，それに具体的な値（この場合は整数）を入れているだけにすぎません．ところが，これだけですでに整数型のクラスを介してオブジェクトが作られているのです．具体的な例で確かめてみましょう．

```
>>> val1 = 22 Enter
>>> type(val1) Enter
<class 'int'>
```

ここでは，変数名をval1としています．type()はオブジェクトのデータ型を調べるためのコマンドです．上記の結果 <class 'int'>は，変数val1が整数型（int）であることを意味します．つまり，整数型のオブジェクトが作られています．なお，整数型オブジェクトを作り出すには，

▶type 関数
第3章参照．実は type 関数もクラスです．調べてみましょう．

```
整数型オブジェクトの変数名 = int()
```

と指定する方法もあります．このint関数は，整数型オブジェクトを作り出すクラスそのものです．そして，整数型のクラスから作られたオブジェクトは，整数型のメソッドが使えるというわけです．

▶データ型と関数
他のデータ型のオブジェクトを作り出す関数として本書では，list 関数などを紹介しました．第7章を参照してください．

クラスとインスタンス

　さて，クラスはオブジェクトを作り出すと述べましたが，一般にオブジェクト指向プログラミングの世界では，クラスが作り出すオブジェクトのことをインスタンスと呼びます．ここからしばらくは，オブジェクト指向プログラミングの一般論と絡めて述べるため，インスタンスという言葉を使って説明していきます．

▶クラスのインスタンス生成
クラスがインスタンスを作り出すことをインスタンス化といいます．

　改めて，クラスはインスタンスを生成します．このとき，クラスはメモリ上のとある場所に変数などに相当するデータを割り当てます（これを便宜上，インスタンスオブジェクトと呼ぶことにします）．しかし，実はインスタンスオブジェクトを作る前に，クラスはクラス自体の情報をメモリ上に割り当てます（これを便宜上，クラスオブジェクトと呼ぶことにします）．つまり，クラスはインスタンスを作る際，まずクラスオブジェクトをメモリ上に割り当て，そののちにインスタンスオブジェクトをメモリ上に割り当てます．

　クラスオブジェクトは，クラス全体の共通の性質を有するものといえます．これは関数を定義するのと同様の方法，すなわち代入のステートメン

トにより生成されるもので，このクラスの**属性**の下に置かれます．実はその最たるものがメソッドです．メソッドは関数そのものですが，クラス属性を持つことは本書でもたびたび説明してきました．したがって，メソッドにアクセスするには，その属性の基となるオブジェクト名を"修飾語"のように付けて「オブジェクト名.メソッド名(引数)」のように使います．同じクラスから生成されたインスタンスは，このクラスオブジェクトを共有することになります．なお，クラスオブジェクトを作る際には，後述するように冒頭（ヘッダー）でそのことを宣言します．

　一方，インスタンスオブジェクトは変数や関数といったプログラムを動作させるものです．これらは独自の名前空間を持ち，クラスオブジェクトの性質を属性として引き継ぎます．そして重要なのが，一つのクラスから，その属性を引き継いだインスタンスオブジェクトを何個でも作ることができる点です．また，そのクラスに類似した新たなクラスを生成する際，メソッドなどのクラスの性質を丸ごと**継承**できるため，何度も変数やメソッドを定義する手間が省けます．このように，同じクラス属性を持つインスタンスオブジェクトを何個も作ることができたり，クラス属性を継承できたりすることは，オブジェクト指向プログラミングの最大の強みなのです．

　なお，新たに生成されたインスタンスオブジェクトには新しい名前空間が与えられ，空の状態から開始します．クラスの属性も，その時点で引き継がれます．

クラスを作る

　以下に，クラスの簡単な例を挙げてみます．クラスの定義の仕方は，まずヘッダー（class）を付け，クラス名（ここではHuman）と，そのあとに「:」を付けます．次に，defでメソッド（ここではsetname関数とdisplay関数）を定義します．それらは，このクラスの共通の性質となります．

▶**クラス名**
クラスの名前は頭文字を大文字にするのがルールです．

ソースコード **14.11**　human.py

```
1  class Human:
2    def setname(self,name):
3      self.name = name
4    def display(self):
5      print(self.name)
```

　第1のメソッドsetnameは，インスタンスオブジェクトとなる変数を生成するための関数です．このメソッドには，selfとnameという2つの引数があります．このクラスからインスタンスオブジェクトが生成されるとき（後ほどの例で見るように，生成の仕方は，「変数名=クラス名()」

とします），まず第1パラメータの self に渡されます．この状況で具体的な引数が与えられると，その値が第2パラメータ（定義の過程では name）に渡され，「self.name = name」というステートメントにより，値は self.name に渡されます．後ほどの例で見るように，値を与えるには「インスタンスオブジェクト名. メソッド名(引数)」の形で具体的な引数を代入します．これにより，このクラスのインスタンスオブジェクトの値が決まります．

第2のメソッド display は，一つ目のメソッドで生み出されたインスタンスオブジェクトを出力する関数です．

これらの状況のもとで，2つのインスタンスオブジェクトを作ってみましょう．具体的には，まずソースコード 14.11 を実行し，その状態で IDLE を使って以下のように入力していきます．

```
>>> a = Human() Enter
>>> b = Human() Enter
>>> a.setname(' 山田太郎') Enter
>>> b.setname(' 大阪次郎') Enter
>>> a.display() Enter
山田太郎
>>> b.display() Enter
大阪次郎
```

順番に説明していきます．最初の2行により，2つのインスタンスオブジェクト（a と b）がクラス Human から生成されました．a, b ともに，値は空の状態から開始します．この時点で，すでにクラスオブジェクトが作られているため，都合3つのオブジェクトが存在しています．

さて，a と b はクラス Human を介して作られたオブジェクトであるため，クラス Human の属性であるメソッドを使うことができます．3行目と4行目では，a と b というインスタンスオブジェクト名を，その属性であるメソッド名に修飾語のように付けて呼び出しています．このとき，setname 関数の引数を指定することで，その値がインスタンスオブジェクトに代入されます．

5行目と7行目も同様にしてメソッド display を呼び出していますが，クラス Human の中の display には引数として self が入っており，その定義の中で，すでに具体的な値が与えられた self.name を出力する設定になっています．したがって，display を呼び出す際に引数は不要です．

クラスの継承
先述したクラスの継承について，具体例を示しましょう．

　クラスは，新しいメソッドを追加するなどして，サブクラスを作ること
ができます．このとき，元となる"親クラス"をスーパークラスといいま
す．これは，クラスの階層（親子関係）と呼ばれるものです．継承を行う
と，スーパークラスの属性がサブクラスに引き継がれます．

　サブクラスに属性を継承する方法を見ていきましょう．ヘッダー
（class）にサブクラス名を付けますが，それに括弧を付けて継承するク
ラス名（スーパークラス名）を入れます．「：」を忘れないようにしまし
ょう．これで，このサブクラスは，スーパークラスの属性・関数を継承
し，このサブクラスから生成されるインスタンスオブジェクトは，サブク
ラス，スーパークラスの両方の属性・関数が使えるようになります．

　具体例を以下に挙げます．

ソースコード 14.12　student.py

```
1  class Human:
2    def setname(self,name):
3      self.name = name
4    def display(self):
5     print(self.name)
6
7  class Student(Human):
8    def school(self,schoolname):
9      self.schoolname = schoolname
10   def display(self):
11    print(self.name,self.schoolname)
```

　このコードについて説明しましょう．上側にスーパークラスHumanがあ
ります．これは，ソースコード 14.11（p.158）と同じものです．7 行目以
降でサブクラスStudent を定義しています．まさに，この 2 つのクラス
は継承の関係にあります．クラスStudent はメソッドshcool とメソッド
display を追加しています．ただし，display はクラスHuman でも定義
されていました．その挙動がどうなるかも確かめてみましょう．ソースコ
ード 14.12 を実行し，さらに IDLE を使って以下のように入力していきます．

```
>>> s = Student()  Enter
>>> s.setname('Masa Matsuo')  Enter
>>> s.school('UCLA')  Enter
>>> s.display()  Enter
Masa Matsuo UCLA
```

　1 行目により，インスタンスオブジェクトs がサブクラス（Student）
から生成されました．2 行目は，スーパークラスで定義したメソッド
setname を呼び出して引数の値（Masa Matsuo）を代入しています．継
承したメソッドを使っているわけです．3 行目は，サブクラスで定義し
たメソッドschool を呼び出して引数の値（UCLA）を代入しています．4

行目は，メソッドdisplayを呼び出していますが，displayはスーパークラスとサブクラスの両方で定義していました．結果は，サブクラスで定義した方法で出力されています．

このように，クラスが継承されるとき，同じ名前のメソッドはサブクラスのものに書き換えられます．覚えておきましょう．

14.5 クラスと特殊メソッド

ソースコード14.11（p.158）は次のように書き換えることができます．元のクラスと区別するため，クラス名をHuman02としておきます．

ソースコード 14.13　human02.py

```
1  class Human02:
2    def __init__(self,name):
3      self.name = name
4    def display(self):
5      print(self.name)
```

クラスHumanと違うのは，メソッドsetnameを定義するのではなく，特殊メソッドを使って，インスタンスオブジェクトを初期化，すなわち最初から値を与えられるようにしている点です．メソッドsetnameを使う場合は，「インスタンスオブジェクト名.メソッド名(引数)」という形で値を与える必要があったことに注意しましょう．特殊メソッドはアンダースコア「__」で挟まれる形をしており，上のコードでは「__init__」がそれに当たります．

このように，インスタンスオブジェクトに値を（最初から）与えられるのがまさにクラスの特徴です．これは，関数を定義するだけのモジュールと大きく異なる点です．ソースコード14.13を実行することで，このことを確かめてみましょう．

```
>>> a = Human02('Matsuo')  Enter
>>> a.display()  Enter
Matsuo
```

1行目でクラスを呼び出すとともに引数を指定して値を代入しています．2行目でメソッドdisplayを呼び出し，値が出力されています．

演算子を定義し直す

本書ではこれまで，さまざまなデータ型（クラス）の中で使われる演算子について紹介してきました．実はクラスを継承する形で，演算子を別のクラスに渡し，さらに再定義することができます．これは非常に重要なコンセプトです．例えば，第4章で比較演算子の一つ「==」を紹介しました．これは両辺の値が等しいかどうかを判定する際に使われるものです

▶この節
この「クラスと特殊メソッド」はかなり難易度が高いため，"このようなテーマがあることを知っておく"程度のスタンスで構いません．皆さんの学習がもっと進んだあとで本格的に（そして，より定量的に）学んでみましょう．

が,「__eq__」という特殊メソッドを使うことで,この演算子を新たなクラスに取り込んで再定義することができます.例を見てみましょう.

ソースコード **14.14**   child.py

```
1  class Human:
2    def setname(self,name):
3      self.name = name
4    def display(self):
5      print(self.name)
6
7  class Student(Human):
8    def school(self,schoolname):
9      self.schoolname = schoolname
10   def display(self):
11     print(self.name,self.schoolname)
12
13 class Child(Student):
14   def __init__(self,name):
15     self.name=name
16   def __eq__(self,other):
17     if(self.schoolname==other.schoolname): return True
18     else: return False
```

このクラスは,先ほど定義したクラスStudent(p.160)を継承するサブクラスであり,クラスHumanの孫クラスです.IDLEを使って以下のように入力していきます.

```
>>> c = Child('akira') Enter
>>> c.school('UCSB') Enter
>>> c.display() Enter
akira UCSB
>>> d = Child('yamada') Enter
>>> d.school('UCSB') Enter
>>> d.display() Enter
yamada UCSB
>>> e = c == d
>>> print(e)
True
```

順番に説明しましょう.1行目では,クラスChildを呼び出すとともに引数(akira)の値がname に渡され,さらに「self.name = name」のステートメントを介してself.name に渡されてからc に代入されます.2行目では,継承したクラスStudent のメソッドschool を介して引数(UCSB)の値がself.schoolname に渡され,さらに「インスタンスオブジェクト名.メソッド名(引数);c.school('UCSB')」の形でc に代入されています.3行目では,サブクラス(クラスStudent)で書き替えらたメソッド

display を呼び出して上記の c を出力しています．その結果，同じ c でも
別々のインスタンスオブジェクトが生成されていることが分かります．

　5 行目と 6 行目でも同様にインスタンスオブジェクトが作られますが，
今度は c ではなく d としています．また，クラス Child を使うほうは，別
の引数（yamada）になっています．その結果，c と同様に別々のインス
タンスオブジェクトが生成されます．

　ここでポイントとなるのが，クラス Child 経由（self.name = name）
で作られた c（akira）と d（yamada）は異なりますが，クラス Student 経
由（self.schoolname = schoolname）で作られた c と d（いずれも UCSB）
は同じであることです．この状況のもと，8 行目で c と d の比較「==」を
行い，それを e として出力すると結果は Ture となりました．

　ここから分かるのは，比較演算子「==」の定義が変えられているとい
うことです．ソースコード 14.14 の 16 行目以降に書かれた，「__eq__」の
定義を見てみましょう．その引数の意味は，「c == d」という比較演算子
が現れたとき，1 番目の self に c の値を渡し，2 番目の other に d の値を
渡して比較を行い（==），その結果を返すというものです．もしも，この
定義がなければ「c == d」は False になります．なぜなら，「c == d」に
現れる c と d は「name」に由来する値だからです．しかし，クラス Child
で定義された「__eq__」では，「schoolname」の値を比較し，同じであ
れば True を返すという内容に変えられています．

ローカル変数とブロック

　さて，上述の c や d などの変数（インスタンスオブジェクト）が，それ
らが定義されたメソッドごとに存在していることは，ローカル変数の概念
で理解できます．ローカル変数とは，まさにローカルな領域でしか使えな
い変数のことです．以下のソースコードを見てみましょう．

ソースコード 14.15　scope.py

```
1  class Scope:
2    data = 'abcdefg'
3    def __init__(self,value):
4      self.value = value
5    def display(self):
6      data = 'hijklmn'
7      print (self.data,data,self.value,Scope.data)
```

　このクラスには，data という変数が 2 つあります．一方はクラスの“直
下”において，もう一方はメソッド display の領域において，それぞれ
代入のステートメントにより異なる値が与えられていますが，これらはそ
れぞれのブロック領域の中だけで使える構造となっています．

　このコードを実行し，以下のように入力してみましょう．

▶ブロック
第 2 章参照.

```
>>> a = Scope('opqrstu') [Enter]
>>> a.display() [Enter]
abcdefg hijklmn opqrstu abcdefg
```

　1行目で，クラスScopeの中に変数aというインスタンスオブジェクトを引数（= opqrstu）とともに作ります．2行目で，メソッドdisplayを呼び出して実行した結果，3行目にdisplayの内容が出力されました．メソッドdisplayは，4つのインスタンスオブジェクト（self.data, data, self.value, Scope.data）を出力するものですが，それぞれの出力経緯を追ってみましょう．

　第1のabcdefgは，クラスScope直下のdata（= abcdefg）が，特殊メソッド__init__の第2パラメータのvalueに渡され，さらにステートメント「self.value = value」を介すことでself.dataに渡された結果の値です．第2のhijklmnは，メソッドdisplayのブロック中のdata（= hijklmn）です．つまり，displayブロックの中のdataは，そのまま「data」と指定すれば出力できることが分かります．第3のopqrstuは，最初にクラスScopeからインスタンスオブジェクト（変数a）を作った際に，引数として代入したものです．この引数はvalueに渡され，「self.value = value」のステートメントを介すことでself.valueに渡されます．

　重要なことは，クラスからインスタンスオブジェクトを作ると，同じ変数（例えばa）でも，メソッド，ひいてはブロックごとに別々の値を持つものが作られることです．つまり，同じaでも，どのブロックにあるaかを指定する必要があるということです．逆にいえば，ある値をaという変数名に格納しても，aと指定してその値が得られるのは，そのブロック内でしかないということです．

　ちなみに，第4のabcdefgは，Scope.dataのように指定するとクラス直下の値が出力されることを示しています．覚えておきましょう．

特殊メソッドを使ったプログラム例

　以下に，クラスの演算子を定義し直す，つまり上書きする際のポイントをまとめました．

〈演算子上書きのポイント〉

- クラスはPythonの構文で使われるすべての演算子を上書きできる．
- 上書きによりクラスオブジェクトは標準のデータ型と同じ命令が使える．
- 上書きは特殊メソッドによって定義できる．

　ここで，__getitem__という特殊メソッドを使ったプログラムを紹介しましょう．__getitem__は，数字や文字列をインデックス化し，インデックスから値にアクセスすることを定義する関数です．

▶インデックス
第9章参照.

ソースコード **14.16** windex.py

```
1  class Windex:
2    def __getitem__(self,suji):
3      return suji*3
4  a = Windex()
5  for ii in range(10):
6    print (a[ii])
```

　このクラスは，1, 2, 3,... という自然数に対して，それぞれを3倍した値を出力するプログラムです．__getitem__は，インスタンスオブジェクト（数字）を3倍し，それにインデックスを付けて返す設定（return）になっています．for文を使い，range(10) によって0から9（0から数えて10番目）のインデックスが順にくり返され，そのたびに対応する値（元の値の3倍）が返されて出力されるプログラムです．a[ii] は，__getitem__(a,ii) を呼び出しています．

ソースコード **14.17** wsample.py

```
1  class Wsample:
2    def __getitem__(self,ii):
3      return self.data[ii]
4  b = Wsample()
5  b.data = 'abcd'
6  for ww in b:
7    print(ww)
```

　このクラスは，代入された文字列をインデックス化して，1文字ずつ出力するプログラムです．__getitem__の定義を見ると，読み込んだ文字列にインデックスを付けていることが分かります．生成したインスタンスオブジェクト（文字列）に対してfor文を使うと，__getitem__を呼び出してインデックスに対応する値（文字）が返されて出力されるプログラムです．

演習問題

以下のテーマに沿ったプログラムを作成しましょう.

【テーマ】

カフェの人事管理を行うためのシステムを作ります. スタッフごとに以下の項目を入力するだけで, 各個人の情報が一目で分かるようにします.

1. 氏名
2. 電話番号
3. 仕事の区分（ウェイター / シェフ / バリスタ / チーフ）

ただし, 以下の手引きを参考にしてください.

【手引き】

クラスの概念を使います. 入力した個人情報が, 第 13 章で学んだフォーマット指定の方法にうまく組み込まれるよう, 特殊メソッド__repr__を使った以下の構造を用います. 例えば, 入力した名前（name）と電話番号（tel）を「名前：name, 電話番号：tel」のように表示するには, 以下のように記述します.

```
class Staff:
  def __init__(self, name, tel):
    self.name = name
    self.tel = tel
  def __repr__(self):
    return Staff([' 名前：%s, 電話番号：%s'
      % ('{self.name}','{self.tel}'])
```

このように設定した上で, Staff() の引数に, 具体的に名前と電話番号を入力すると, それらの値が上の__repr__で定義された形で出力されます.

索 引

■記号・英字

#·· 21	
*args ··· 133	
break 文 ····························55, 77, 89, 144	
cd（チェンジディレクトリ）················· 19	
continue 文 ·······························56, 77	
csv ファイル ············· 104, 116, 138, 148	
def 文 ·····························58, 154, 158	
del 文 ·································· 113, 122	
dict（辞書のデータ型）······················· 118	
dict_items（辞書の要素のデータ型）········· 133	
dict 関数 ····································· 134	
elif 文 ··································42, 79	
else 文 ··································42, 79	
False（偽）···················· 40, 87, 111, 122	
finally 文 ···································· 144	
float（浮動小数点型）····················· 30, 94	
for 文 ····························· 47, 56, 83, 85	
from 文 ······················· 68, 79, 151, 153	
identity ······································ 111	
IDLE···································· 14, 17	
if 文 ··································40–42	
import 文 ·························· 68, 150, 153	
in 文 ······················· 98, 121, 123, 124	
input 文 ······································ 43	
int（整数型）····························· 30, 94	
is 文 ··· 111	
len 関数 ············ 86, 100, 107, 108, 122, 131	
list（リストのデータ型）······················· 106	
list 関数 ·································· 108, 133	
pip コマンド ··································· 68	
print 文 ······································ 44	
PyPI（Python Package Index）··············· 68	
range 関数 ······················· 47, 57, 81, 84, 108	
reload 文 ····································· 152	
return 文 ····································· 101	
row ··· 104	
str（文字列型）······················· 30, 129, 143	
True（真）···················· 40, 87, 111, 122	
try-except 文 ···························54, 144	
tuple（タプルのデータ型）······················· 128	
Unicode··· 16	
UTF-8 ························· 12, 16, 71, 89	
while 文 ·····························54, 76, 85	
with 文 ····································· 145	

■ア 行

値 ·················· 29, 97, 111, 118, 134, 153
アンダースコア ······························ 161
入れ子 ··· 42
インスタンス ································· 157

インタプリタ ································· 15
インタプリタ言語 ··························· 15
インデックス ········· 31, 57, 99, 106, 110, 118, 130
インデント ································· 21
エスケープシーケンス ······················· 44
エディタ ·································· 14, 17
エラーの修正 ································· 22
円記号 ··· 44
演算子の再定義 ······························ 161
オブジェクト ············· 96, 97, 111, 136, 150, 153
オブジェクト指向プログラミング ··············· 156
オブジェクトを作る仕組み ··················· 156

■カ 行

改行 ··· 20
改行マーク ······························ 60, 141
外部ライブラリ ·························· 22, 68
カウンター ···························· 56, 84, 87
返り値 ······································ 60, 140
型 ··· 97
可変長引数 ···································· 132
カレントディレクトリ ···················· 19, 60
関数 ····················· 36, 58, 97, 153, 158
関数オブジェクト ··························· 154
偽（False）··································· 40
キー ······································ 118, 134
クォーテーションマーク ····················· 89
組み込み関数 ···························· 16, 22, 95
クラス ····················· 29, 97, 156, 157
くり返し ······································ viii
継承 ······································ 158, 159
結合 ··································· 32, 97, 108
検索 ··································· 89, 101, 119, 121
コード ··· 3
コードポイント ································· 16
コマンドプロンプト ··························· 19
コメント ·································· 21, 66
コメントアウト ······························· 21
コラム ··· 104
コンパイラ言語 ······························· 15
コンパイル ································· 15

■サ 行

サブクラス ································· 160
算術演算子 ··················· 28, 94, 97, 108, 131
自作の関数 ·································· 22, 23
辞書 ··· 118

辞書で使うメソッド ……………………………… 123
自然言語 ………………………………………… 29
順序（順次）…………………………………… viii
条件分岐 …………………………………… ix, 40, 41
真（True）……………………………………… 40
シングルクォーテーションマーク ……………… 30
シンタックス …………………………………… 29

推論 ……………………………………………… 8
スーパークラス ………………………………… 160
スクリプト ………………………………… 15, 17
スクリプト言語 ………………………………… 15
ステートメント ………………………… 35, 157
スライス …………………………… 101, 109, 130

全角文字 ………………………………………… 15

ソースコード ………………………………… 2, 12
属性 ………………………………… 97, 154, 158

■タ　行

代入 …………………………… 31, 35, 131, 157
代入演算子 ……………………………… 35, 80, 106
タプル …………………………………… 128, 143
ダブルクォーテーションマーク ………………… 30
タプルで使うメソッド ………………………… 132
タプルの更新 …………………………………… 130

置換 ………………… 106, 109, 122, 128, 130, 136

ディクショナリ ………………………………… 118
ディレクトリ …………………………………… 19
データ型 …………………………… 29, 96, 156
テキストファイル ……………………… 17, 145
デフォルト値 …………………………………… 124

特殊記号 ………………………………… 44, 60
特殊メソッド …………………………………… 161

■ナ　行

名前 ……………………………………………… 153
名前空間 …………………………… 153, 155, 158

ネスト ……………………………………… 42, 106

■ハ　行

バイト …………………………………………… 37
バイト列 ………………………………………… 146
バイナリファイル ……………………………… 145
バグ ……………………………………………… 3
パス …………………………… 19, 60, 141, 150, 153
バックスラッシュ ……………………………… 44
パッケージ ……………………………………… 153
パラメータ ……………………… 36, 58, 102, 142

比較演算子 …………………………… 40, 87, 98, 163
引数 ……………………………………… 36, 58
ビット ………………………………………… 37, 95
標準ライブラリ ………………………… 22, 153

ファイルからの読み込み ……………………… 61, 142
ファイルの保存 ………………………………… 17
ファイルへの書き込み ………………………… 60, 140
フィールド ……………………………………… 104
ブール演算子 …………………………… 40, 87
ブール型（ブーリアン型）……………………… 40
ブール関数 ……………………………… 41, 87
フェッチ ………………………………………… 155
フォーマット変換 ……………………………… 143
浮動小数点型 …………………………………… 45
プログラミングの三大要素 …………………… vii
プログラム開発の基本的ルール ……………… 73
プログラムの基本構造 ………………………… 73
プログラム部品 ………………………………… 21
ブロック ………………………………… 21, 163

ヘッダー ………………………………………… 160
変数 ………………… 31, 33, 76, 97, 153, 158
変数オブジェクト ……………………………… 154
変数名の付け方 ………………………………… 34

■マ　行

マインドフルネス ……………………………… 9
マッピング ……………………………………… 118

メソッド …………………………… 97, 155, 158
メモリ …………………………………… 153, 157

文字コード ……………………………………… 12
文字コードのエラー …………………………… 12
モジュール ………………… 21, 22, 45, 97, 150
モジュールオブジェクト ……………… 150, 154
文字列に関わる演算 …………………… 32, 97
文字列のメソッド ……………………………… 103
戻り値 ……………………… 60, 140, 142, 145

■ヤ　行

要素 ……………………………………… 106, 118
予約語 …………………………………………… 35

■ラ　行

ライブラリ ……………………………………… 153
乱数 ……………………………………………… 47

リスト ………………… 88, 106, 124, 128, 135
リストで使うメソッド ………………………… 111
リロード ………………………………………… 152

例外処理 ………………………………… 54, 144
レコード ………………………………… 104, 148

ローカル変数 …………………………………… 163
ロード …………………………………………… 155
ロジックエラー ………………………………… 3
論理学 …………………………………………… 8
論理式 …………………………………… 40, 87

■ワ　行

ワイルドカード ………………………………… 151

監修者略歴

寺下 陽一（てらした よういち）

1961年，京都大学理学部卒業．同年，フルブライト奨学生として米国アイオワ大学大学院物理・天文学科へ留学．1965年，Ph.D取得．当時の米国で新しく普及しはじめたFortran言語を駆使して恒星の大気構造モデルの理論的研究を行う．以後数年間，講師，ポストドクター研究員としてアイオワ大学，ペンシルベニア州立大学，東京大学に滞在．1969年より金沢工業大学に就職，情報処理工学科の初代主任教授，同大学計算機センター所長を務める．1995年，京都コンピュータ学院に移籍．2004年，京都情報大学院大学の設立時に同大学教授就任，以後，副学長として現在に至る．その間，JICA派遣専門家（情報工学）としてタイ国を数回訪問し専門家活動に従事．

著者略歴

松尾 正信（まつお まさのぶ）

1972年，京都大学工学部電気系学科卒業．住友電気工業株式会社に入社．米国カリフォルニア大学サンタバーバラ校にフルブライト奨学生として留学し，1984年，Ph.D取得．1989年，ロサンゼルスにてTwin Sun社を設立．それ以来，先端ソフトウェア開発の国際事業化を続ける．AIの自然言語処理と心理学を融合した技術をベースに2020年，京都大学の教授たちと京都テキストラボを設立．京都情報大学院大学教授．

装丁　安原悦子
編集　高山哲司

Pythonプログラミング ABC
正確に・美しく・簡潔に！

2022 年 9 月 30 日　　初版第 1 刷発行

監修者	寺下 陽一
著　者	松尾 正信
発行者	大塚 浩昭
発行所	株式会社近代科学社
	〒101-0051 東京都千代田区神田神保町1丁目105番地
	https://www.kindaikagaku.co.jp